diet

배불리 먹고 칼로리 낮추는
다이어트 레시피

김자경 지음

예신 Books

diet & food...

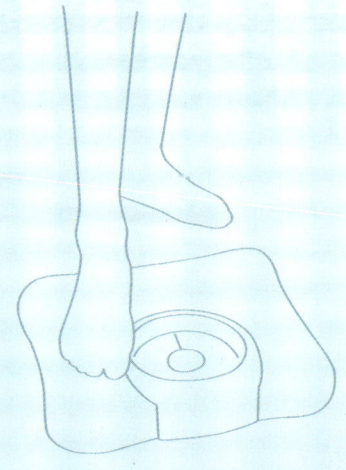

머리말

요즘 들어 다이어트는 국민 모두의 관심사가 아닐까 싶다. 부쩍 관심이 많아지면서 굳이 필요하지도 않은 아이들마저 지나친 관심을 갖고 있어 자라는 아이들에게 영양이 부족하지 않을까 염려스럽다.

특히 한국인의 다이어트에서 문제가 되는 것은 식사량으로, 그 중에도 밥의 비중이 많아 무조건 밥을 안 먹으면 살이 빠진다는 식의 지론도 펼치는데 그것은 옳지 않고 반드시 매 끼니마다 반 공기 이상은 먹어야 요요현상이 일어나지 않는다는 연구 결과도 나온 바 있다. 밥을 먹더라도 다른 채소에 함유된 섬유질과 함께 섭취하면 효율적인 다이어트가 될 것이다. 또한 한 달에 500g~1kg 감량하는 것이 가장 이상적이고 바람직하다.

이제 더 이상의 굶는 다이어트는 옳지 않다. 쉴 새 없이 나오는 다이어트 서적이 그저 칼로리 계산에만 급급할 뿐, 먹는 자유로움과 행복감이 배제된 것을 보고 그것을 보완하고자 이 책을 구상하게 되었다.

이 책은 배불리 먹으면서도 칼로리를 줄일 수 있는 요리들로 구성하였으며, 특히 성인병 예방에도 좋은 식재료를 선별하였으므로 레시피를 잘 활용하게 되면 다이어트와 맛있는 음식을 함께 즐길 수 있다.

그 동안 요리하면서 가장 많이 받는 질문 중에 하나가 '많이 먹는 것 같은데 왜 살이 안 찌세요?'라는 질문이다. 여기에 단지 기초대사량이 많다는 대답만으로 쉽게 이해하지 못하는 것 같아, 요리하는 사람으로서 실질적으로 조리 방법에 대해 많이 논한다.

이 책에서는 조리 방법 하나하나에 신경 써서 같은 식재료를 이용하더라도 살이 찌지 않으면서 포만감과 영양을 동시에 충족시킬 수 있도록 하였다.

예를 들어, 찌개 하나를 끓이더라도 약선요리, 일반요리, 치료요리 등 요리의 목적에 따라 무엇을 빼고 무엇을 넣을지, 최대한 구하기 쉬운 식재료를 효율적으로 사용할 수 있는 방법은 무엇인지 많이 고민하였으므로 작은 포인트 하나 놓치지 않길 바란다.

마지막으로 출판사 사장님과 편집부 직원들, 사진작가 성병우님, 푸드스타일링을 도와준 김남희, 정주희 선생님, 이번에도 곁에서 힘이 되어준 김기영, 김미경 선생님께 깊이 감사드린다.

먹는 행복을 전하며 …….

김자경(0802haha@hanmail.net) 씀

Contents
차례

 신·선·한·다이어트
샐러드 요리

단호박 오렌지 피칸 샐러드 23
라임 비네그렛 25
우무 수박 샐러드 27
닭가슴살 샐러드 29
연두부 샐러드 31
토마토 멸치 샐러드 33
토마토 브로콜리 샐러드 35
두부 미역 샐러드 37
돼지고기 샤브샤브 냉채 39
청국장 샐러드 41
산야초 모듬 샐러드 43
시금치 베이컨 샐러드 45
산마, 콩 샐러드 47
도토리묵 무침 49
불고기 냉채 51

특·별·한·다이어트

일품 요리

버섯 카레라이스 **55**

율무 수제비 **57**

쌀국수 **59**

잔치 국수 **61**

일식 냉소면 **63**

두유 마늘크림 스파게티 **65**

간편 두부 수프 **67**

동치미 국수 **69**

들깨 미역 조랭이 떡국 **71**

시금치 해산물 파스타 **73**

실곤약 비빔면 **75**

해물 된장국수 **77**

마파 두부 **79**

메밀 비빔국수 **81**

해산물 리조또 **83**

율무 팥죽 **84**

녹두죽 **85**

Contents

 Part 3 폼·나·는·다이어트
초대 요리

가지 토마토 구이 89
곤약 스테이크 91
두부 스테이크 93
산사 족발 95
쑥개떡 97
편육 과일 냉채 99
주꾸미 떡찜 101
홍합 와인 볶음 103
화풍 스테이크 105
닭고기말이 찜 107
개성 만두 109
녹차 칠절판 111
월남쌈 113
양송이 두부찜 114
김치 묵 보쌈 115

배·부·른·다이어트

밥 요리

Part 4

곤드레밥 119

근대밥 121

무청 시래기밥 123

오곡 주먹밥 125

도토리 묵밥 127

백일송이 버섯덮밥 129

버섯 돈부리 131

찹쌀 연잎밥 133

해초 비빔밥 135

수삼무침과 신선초쌈밥 137

양배추 다시마 쌈밥 139

무 콩나물 140

옥수수 율무밥 141

기본 계량법

한눈에 쉽게 알 수 있는 **계량법**

계량스푼

1큰술은 15cc, 1작은술은 5cc를 말한다. 계량할 때에는 반듯하게 깎아서 한다.

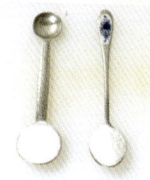
계량스푼 1큰술 = 일반 숟가락 1큰술

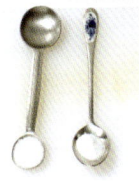
계량스푼 1작은술 = 일반 숟가락 1작은술

정확한 계량법 (반듯하게 깎아서 계량)

계량컵

계량컵 1컵은 200cc를 말한다.

계량컵

계량컵 200cc = 유리컵 200cc

계량저울

계량저울을 사용할 때는 눈금을 항상 0에 맞추어야 한다. 그릇을 올렸을 때는 그릇 무게를 빼고 0으로 맞추어 계량한다.

눈금 '0'에 맞추기

그릇 놓고 '0'에 맞추기

- 계량할 때는 계량스푼을 사용해야 하는데, 요리 시 꼭 갖추어야 정확한 계량을 할 수 있다. 부득이 계량스푼이 없어 일반 숟가락으로 사용해야 한다면 1.5배의 양이라고 보면 된다.
- 설탕, 소금같은 가루는 깎아서 수평이 되게 하고 간장, 식초 같은 액체류는 넘치기 직전까지 올라온 상태로 계량해야 한다.
- 일반적으로 다진 마늘은 계량이 잘 안 되는데 다진 마늘도 정확하게 깎아서 계량한다.
- 생강 1쪽은 마늘 1알 크기 정도를 의미한다.
- 국에 사용하는 국물의 양 1인분은 대략 $1\frac{1}{2}$ 컵이고, 찌개 양은 $\frac{2}{3}$ 컵을 사용하면 된다. 그러나 무엇보다 총 재료량에 따라 가감하는 것이 좋다.
- 여기에 수록된 레시피의 양은 2인분을 기준으로 한 것이다.

비만

비만은 체지방량이 정상보다 많은 것을 의미하는데, 우리나라 비만의 원인 중 과식·과음이 90% 이상을 차지하며, 그 다음으로 운동 부족, 스트레스를 꼽을 수 있다.

다이어트 시 한 달에 1~2kg 감량하는 것이 바람직하다. 1g의 체지방을 소모시키기 위해서는 약 7kcal가 필요하다. 따라서 지방 0.5kg을 감량하는데 3500kcal가 소비되어야 한다. 일주일에 0.5kg를 감량하기 위해서는 하루에 500kcal씩 덜 섭취하면서 건강을 유지하는 것이 좋다.

기초대사량이란?

인체가 움직이지 않을 때 하루에 소비되는 칼로리의 양으로, 우리 몸을 유지하는 데 필요한 최소한의 에너지를 말한다. 기초대사량이 높으면 살이 찌지 않는 체질이 될 수 있다.

또한 몸이 움직일 때 소비되는 칼로리를 활동대사량이라고 하는데, 기초대사량과 활동대사량의 합보다 많은 칼로리를 섭취하게 되면 살이 찌게 되는 것이다. 그러므로 살을 빼려면 칼로리를 적게 섭취해야 하는데 보통 앉아 있을 때 활동대사량은 기초대사량의 20% 정도이다.

열량을 제한할 때 건강 유지를 위해 단백질은 충분히 공급해 주어야 하며 체중 kg당 1~1.5g의 단백질 섭취가 바람직하다.

기초대사량을 높이는 방법은?

음식을 굶어 기초대사량이 줄어 있는 상태에서 갑자기 먹게 되면 같은 열량을 섭취해도 그 전보다 지방으로 축적되는 양이 많아져 다이어트에 실패하기 쉽다. 그러므로 운동에 의해 기초대사량을 높이는 방법만이 가장 바람직하다. 운동을 많이 하여 근육량을 늘리면 근육으로인해 에너지를 많이 소모하게 된다.

diet

또한 발 마사지를 수시로 해 주어 내장 기관과 연결된 기능을 활발하게 만들어 주거나, 숙면을 취하여 자율신경의 밸런스를 정돈시켜 다음 날 기초대사량을 높이는 방법이 있다.

❯ GI 수치?(당지수)

당뇨나 비만에 많이 사용하는 것으로 음식을 당지수로 정해 놓은 것을 참고하여 균형 잡힌 식사를 하는 것이 중요하다.

과일을 먹더라도 달콤한 과일보다는 신맛이 나고 섬유소가 많은 키위 같은 것을 골라 먹는다.

GI가 높은 식품 (70 이상)
바게트(93), 쌀밥(92), 찹쌀(92), 도넛(86), 떡(85), 감자(85), 우동(85), 옥수수(75), 라면(73), 팝콘(72), 크로와상(70)

GI가 보통인 식품 (55~69)
카스텔라(69), 보리밥(66), 파인애플(66), 호박(65), 아이스크림(63), 치즈피자(60), 머핀(59), 페이스트리(59), 꿀(55)

GI가 낮은 식품 (55 이하)
바나나(52), 고구마(44), 사과(36), 귤(33), 토마토(30), 버섯(29), 콩(28), 우유(25)

kcal

표로 알아보는
칼로리

여자의 경우 하루 권장 섭취량은 1800kcal이나 보통 1500kcal가 적당하다. 그러나 **다이어트** 시에는 1200kcal가 무난하다. 그 이하로 줄일 경우 체력에 무리가 오므로 주의가 필요하고 비타민제를 보충한다.

또한 갑자기 칼로리를 낮추는 방법은 요요현상을 가져오고 기초대사량이 떨어지므로 바람직하지 않다.

칼로리표는 다소 차이가 있으나 어디서나 쉽게 볼 수 있으므로 참고하도록 한다.

음료

카푸치노	아메리카노	카페모카	와 인	맥 주	소 주	막걸리
166kcal	15kcal	262kcal	84kcal	138kcal	508kcal	138kcal
1잔	1잔	1잔	1잔	1병	1병	1잔 300g

과일

귤	바나나	사 과	자 몽	키 위	파인애플	포 도
50kcal	112kcal	100kcal	100kcal	54kcal	50kcal	50kcal
100g	120g	200g	240g	1개	1쪽 100g	15알 8g

딸 기	멜 론	토마토	오렌지	수 박	참 외	배
50kcal	200kcal	50kcal	100kcal	50kcal	100kcal	156kcal
12알 200g	480g	250g	200g	1쪽	240g	300g

주식

밥	호박죽	홍합 미역국	동태찌개	된장국	대구 매운탕	불고기 전골
300kcal	292kcal	51kcal	62kcal	35.5kcal	356kcal	259kcal
한 공기	1인분	1인분 225mL	1인분 320mL	1인분 210mL	1인분 210mL	1인분 1,000mL

계란국	어묵국	곰 탕	김치 콩나물국	쇠고기 무국	꽃게탕	추어탕
42.7kcal	173kcal	423kcal	181kcal	266kcal	89.9kcal	122.5kcal
1인분 210mL	1인분 220mL	1인분 320mL	1인분 210mL	1인분 300mL	1인분 200mL	1인분 320mL

부대찌개	감자탕	삼계탕	북어국	물냉면	해물 칼국수	짬 뽕
712kcal	429kcal	677kcal	106.2kcal	542kcal	391kcal	788kcal
1인분 320mL	1인분 320mL	1인분 800mL	1인분 250mL	1인분 320mL	1인분	1인분 310mL

간식

샌드위치	떡볶이	피 자	햄버거	떡(경단)	청량음료	아이스크림
400kcal	480kcal	290kcal	350kcal	448kcal	100kcal	200kcal
1개	1인분	1조각	1개	1개	1캔	1개

라 면	돈가스	스파게티	초콜릿	케이크	바게트	와 플
500kcal	350kcal	580kcal	150kcal	340kcal	73kcal	539kcal
1개	1인분	1접시	1개	1조각	1조각	1인분

매일 먹는 밥! 칼로리 줄이는 밥 만들기

밥은 하루에 반 공기 이상 먹어야 한다. 너무 안 먹을 경우 혈액 속의 케톤체라는 물질로 인해 몸이 쉽게 피로하고 현기증, 저혈압, 입냄새 등을 유발할 수 있다.

● **고구마밥**

고구마는 식이섬유소가 풍부해 변비에 특효약이다. 고구마는 주식 대용으로도 좋다.

재료 불린 쌀 1컵, 고구마 100g, 물 1컵
만들기 1 고구마는 사방 1cm 크기로 썰어 불린 쌀과 물을 넣고 센불에서 끓인다.
2 김이 나면 약불로 하여 12분 정도 뜸을 들인다.

● **다시마밥**

다시마 우린 물을 밥물로 사용하며, 일식 초밥에 많이 이용된다. 어느 요리에나 무난하게 활용할 수 있다.

재료 불린 쌀 1.5컵, 다시마 우린 물 1.5컵
만들기 1 다시마 우린 물에 불린 쌀을 넣고 센불에서 끓인다.
2 김이 나면 약불로 하여 12분 정도 뜸을 들인다.

● **녹차밥**

녹차 우린 물을 이용하여 밥을 짓거나, 녹차가루를 이용하여 밥을 지으면 간편해서 좋다.

재료 불린 쌀 1.5컵, 녹차 우린 물 1.5컵 또는 녹차가루 1/2큰술
만들기 1 녹차 잎 우린 물에 불린 쌀을 넣고 센불에서 끓인다.
2 김이 나면 약불로 하여 12분 정도 뜸을 들인다.

● **느타리버섯밥**

쫄깃한 맛이 일품이며 버섯 자체의 영양뿐 아니라 적은 칼로리로 포만감을 준다.

> **재료** 불린 쌀 1.5컵, 느타리버섯 50g, 물 1.3컵
> **만들기** 1 느타리버섯은 씻은 후 1cm 크기로 잘라 냄비에 식용유를 두르고 쌀과 버섯을 넣어 볶다가 물을 넣고 센불에서 끓인다.
> 2 김이 나면 약불로 하여 12분 정도 뜸을 들인다.

● **산사밥**

산사는 고지혈 용해작용과 다이어트에 탁월한 재료이나 산에 있는 사과이니만큼 신맛이 강하므로 약한 불로 잘 볶아 차를 끓여 밥을 지어 먹으면 효과적이다.

> **재료** 불린 쌀 1.5컵, 산사 우린 물 1.5컵
> **만들기** 1 산사 우린 물에 불린 쌀과 물을 넣고 센불에서 끓인다.
> 2 김이 나면 약불로 하여 12분 정도 뜸을 들인다.

● **단호박밥**

단호박으로 밥을 지어 먹으면 영양소가 보충되고 더불어 칼로리를 줄일 수 있어 다이어트에 좋다.

> **재료** 불린 쌀 1컵, 단호박 100g, 물 1컵
> **만들기** 1 단호박은 사방 1cm 크기로 썰어 불린 쌀과 물을 넣고 센불에서 끓인다.
> 2 김이 나면 약불로 하여 12분 정도 뜸을 들인다.

● **팥밥(홍반)**

팥은 소변을 잘 나오게 하고 부기를 가라앉히며 해독작용이 좋아 다이어트에 좋은 식품이지만 팥 자체를 지속적으로 먹으면 탄수화물 섭취로 인해 살이 찌게 된다.

> **재료** 불린 쌀 1.5컵, 팥 우린 물 1.5컵
> **만들기** 1 팥 우린 물에 불린 쌀과 물을 넣고 센불에서 끓인다.
> 2 김이 나면 약불로 하여 12분 정도 뜸을 들인다.

매실 효소 만들기

재료 : 매실 10kg, 황설탕(유기농) 6kg

매실청이 아니고 효소이므로 60~70% 정도의 설탕을 넣고 한지로 밀봉한 후 매일매일 저어 설탕이 녹을 수 있도록 도와 차갑고 어두운 곳에 보관한다.

한 달 후 재료를 분리하고, 효소는 오래 묵히는 것보다는 가급적 빨리 먹는 것이 효과적이다.

설탕 대신 요리할 때에 사용하면 좋다.

함초소금 만들기

재료 : 함초 300g, 천일염 300g

함초(서해, 남해에 많음. 6~8월)는 손질하여 씻은 후 잘 건조(소금기가 많아 잘 마르지 않으므로 건조기를 이용함)시켜 갈아 주고, 천일염은 오븐이나 스텐 냄비에 30분 이상 구운 다음 2시간 후 커터기에 갈아 사용한다.

▶ 섞어 사용해도 좋고 함초 특유의 향이 조금 있으므로 음식에 따라 비율을 달리 사용해도 좋다.

염생식물인 함초 1g에 들어 있는 염도는 일반 소금의 1/6에 해당한다. 함초 소금은 식물에 흡수되어 정화된 소금으로, 일반인들에게 다이어트제나 변비약으로 많이 알려져 있다.

함초의 섬유질은 장의 연동운동을 도와주고 칼륨, 마그네슘, 칼슘 등의 풍부한 무기질은 체중 증가를 억제하며 다량 함유되어 있는 필수 지방산과 필수 아미노산은 혈중 콜레스테롤 및 지질 함량을 저하시키는 효과가 있으므로 함초를 말려 두었다가 가루로 내서 소금과 함께 사용하면 좋다.

설탕 대신 쓰면 좋은 재료

메이플 시럽
단풍나무 진액으로부터 나오는 천연 재료이므로 설탕 대신 다이어트용뿐만 아니라 환자용으로도 많이 쓰이는 재료이다.

아가베 시럽
아가베 선인장(용설란)에서 추출한 당으로 설탕보다 단맛이 1.5배 강하고 미네랄도 많으며 칼로리는 적다. 특유의 맛과 향이 없어 요리에 사용하기 적당하다.

유기농 설탕
일반적으로 유통되고 있는 황설탕은 흰설탕을 정제한 나머지 부분이고, 캐러멜 소스를 입혀 유기농 황설탕으로 잘못 인지되어 판매되는 경우가 많으므로 확인하여 사용하는 것이 바람직하다.

꿀
비타민과 무기질뿐만 아니라 유기산과 효소가 다량 들어있고 당분 흡수가 천천히 이루어져 혈당이 빨리 올라가지 않는다.

조청 : 쌀과 옥수수를 원료로 하는 것이 많은데 소화가 잘된다.

올리고당 : 설탕보다 안정된 당이고, 덜 달으며 칼로리가 낮다.

다이어트에 탁월한 차

하엽 감비차

재 료

연잎 20g / 산사 20g / 율무 20g / 물 20컵

레시피

1. 연잎, 율무, 산사는 깨끗이 씻는다.
2. 냄비에 준비된 재료와 물을 넣어 30분 동안 불린 후 팔팔 끓인다.
3. 중불로 줄여 1시간 더 끓여 수시로 마신다.

Tip 연잎, 산사, 율무는 다이어트에 빠지지 않고 들어가는 재료들이다.

감두탕

재 료

검은콩 20g / 감초 20g / 물 1.5L

레시피

1. 검은콩, 감초는 깨끗이 씻는다.
2. 냄비에 재료를 넣고 1시간 동안 푹 끓인다.

Tip 중금속이나 약물에 중독되었을 때 뛰어난 해독작용을 하며, 부종 치료에 효과적이다.

양파 와인

재 료
레드와인 500mL / 양파 4개

레시피
1. 넓은 용기에 레드와인을 붓고 양파를 채 썰어 담은 후 양파가 뜨지 않게 그릇으로 눌러 놓는다.
2. 실온에서 2~3일 둔 후 체에 거른다.
3. 보관하여 50cc 정도를 1일 2~3회씩 마신다.

Tip 포도의 폴리페놀 성분이 몸 안의 찌꺼기를 내보내 대사를 좋게 하고, 체지방의 축적을 막아준다.

산시차

재 료
마른 산사 40g / 구기자 20g / 물 8컵
*식성에 따라 물 대신 황설탕 또는 꿀을 넣어 먹는다.

레시피
1. 산사와 구기자는 씻어 물에 불려 놓는다.
2. 1의 재료를 2컵 정도의 분량으로 끓여 놓는다.

Tip 산사 : 소화불량과 혈액이 뭉치는 것을 막아주고, 고지혈의 용해작용이 높다. 볶아서 사용하면 신맛이 덜하다.
구기자 : 폐를 촉촉하게 하고, 갈증을 멈추게 한다.

*산사는 서양에서 소화제로 사용하는 원료이며, 고기 먹은 후 산사차를 한 잔 마시면 소화에 도움이 된다.

신·선·한·다·이·어·트
샐러드 요리

Part 1

단호박 오렌지 피칸 샐러드

샐러드

재료	드레싱
단호박 1/4개	올리브유 4큰술
오렌지 1개	유자청 2큰술
양파 1/4개	디종 머스터드 1큰술
피칸 10알	레몬즙 3큰술
치커리 50g	소금 1/2작은술
소금, 후추 약간씩	흰후추 약간

피칸은 미국산 호두 열매로 불포화 지방산이 다량 함유되어 있고, 칼슘과 비타민 B군의 함량도 높아 영양적으로 우수한 견과류이다. 단맛이 많고 향기가 좋아 주로 아이스크림, 케이크, 파이 등에 쓰인다.

레시피

1. **단호박 찌기** 단호박은 껍질째 잘 씻어 자른 후 씨를 빼고 썰어 찜기에 10분 동안 쪄 놓는다.(끓는 물에 데쳐 사용해도 된다.)
2. **오렌지 썰기** 오렌지는 껍질을 벗겨 한입 크기로 썰어 놓는다.
3. **양파, 치커리 손질하기** 양파는 채 썰어 찬물에 씻어 건지고, 치커리는 씻어 한입 크기로 뜯어 놓는다.
4. **유자청 다지기** 유자청은 체에 밭쳐 건더기만 곱게 다져 놓는다.
5. **드레싱 만들기** 다진 유자청, 디종 머스터드, 레몬즙, 소금, 흰후추를 분량대로 넣고 잘 섞은 후 올리브유를 조금씩 섞어가며 기름이 분리되지 않도록 저어준다.
6. **완성하기** 피칸을 포함하여 준비된 재료들을 접시에 담고 5의 드레싱을 끼얹어 낸다.

라임 비네그렛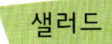

샐러드

{ 재료
양상추 1/4개
샐러드용 채소 100g
방울토마토 100g
파인애플 2조각
바나나 1개

{ 드레싱
레몬(라임) 1개
청양고추 1개
올리브유 5큰술
레몬주스(라임주스) 2큰술
설탕 3큰술
식초 1큰술
디종 머스터드 1큰술
소금 1작은술

1856년 프랑스 중동부에 위치한 브르고뉴의 디종에서 처음 만들어졌다. 부드러우면서 강한 매운맛을 주는 머스터드이다. 허브와 화이트와인을 섞어 톡 쏘는 맛이 나면서 끝맛이 부드러운 디종 머스터드는 고급 드레싱용 프렌치 머스터드이다.

레시피

1. **샐러드용 채소 손질하기** 양상추와 샐러드용 채소는 흐르는 물에 씻어 손으로 뜯어 놓는다.
2. **과일 준비하기** 방울토마토와 바나나는 슬라이스해서 준비한다.
3. **파인애플 썰기** 파인애플은 한입 크기로 썰어 놓는다.
4. **레몬 손질하기** 레몬은 소금으로 비벼 깨끗이 씻은 후 껍질은 다져 놓고, 속은 즙을 내어 둔다.
5. **청양고추 다지기** 청양고추는 씨를 없앤 후 다져 둔다.
6. **완성하기** 재료들을 고루 섞어 그릇에 담고 분량대로 섞은 드레싱을 먹기 직전 끼얹어 낸다.

 라임 비네그렛 : 바나나의 펙틴과 올리고당이 배변 활동을 도와준다. 카로틴, 비타민 B 등이 풍부하다.

25

우무 수박 샐러드

샐러드

재료	드레싱
우무 200g	플레인 요거트 1통
수박 흰껍질 100g	레몬즙 2큰술
비트 20g	꿀 1큰술
로메인 50g	소금 1/2작은술
삶은 달걀 1개	

우무는 주성분이 탄수화물이지만 소화 흡수되지 않으며, 장에서 콜레스테롤 흡수를 억제하여 고지혈증과 고혈압을 방지한다. 또한 장 속 노폐물의 배설을 촉진한다. 무엇보다 포만감을 주어 비만을 방지한다.

레시피

1. **비트 썰기** 비트는 곱게 채 썰어 찬물에 담갔다 건져 놓는다.
2. **우무 채 썰기** 우무는 굵게 채 썰어 놓는다.
3. **수박 채 썰기** 수박은 겉껍질에 붙은 흰 부분을 잘 분리하여 채 썰어 놓는다.
4. **로메인 손질하기** 로메인은 씻어 손으로 뜯어 놓는다.
5. **달걀 준비하기** 삶은 달걀은 4등분하여 준비한다.
6. **드레싱 만들기** 플레인 요거트에 레몬즙과 꿀, 소금을 섞어 드레싱을 만든다.
7. **접시에 담기** 접시에 로메인을 올린 후 준비된 재료를 색상별로 돌려 담은 다음 드레싱을 끼얹어 낸다.

2

3

6

Diet Salad

닭가슴살 샐러드

샐러드

| 재료
닭가슴살 200g
블랙 올리브 3개
샐러드용 채소
(로메인, 적양상추,
새싹 채소 등)

| 드레싱
올리브유 3큰술
발사믹 비네가 1.5큰술
화이트와인 1/2큰술
다진 마늘 1/2작은술
다진 양파 1큰술
다진 피클 1큰술
파슬리가루 1/2작은술
설탕 1/2작은술
소금 1/2작은술
흰후추 약간

| 고기 양념
간장 1큰술
청주 1큰술
소금, 후추 약간씩

닭가슴살은 다른 부위에 비해 칼로리는 1/2밖에 안되고 돼지고기나 소고기보다 칼로리가 낮다. 고단백 저지방 식품으로 기초대사량을 올리는데 좋은 재료이기도 하다.

❋ 레시피 ❋

1 **닭가슴살 굽기** 닭가슴살은 칼 끝으로 두드린 다음 간장, 청주, 소금, 후추에 재워 오븐이나 팬에 구워, 식힌 후 썰어 놓는다.

2 **샐러드용 채소 손질하기** 샐러드용 채소는 깨끗이 씻어 차가운 물에 담갔다 건지고, 블랙 올리브는 슬라이스해 놓는다.

3 **드레싱 만들기** 분량대로 재료를 섞어 드레싱을 만든다.

4 **접시에 담기** 접시에 준비된 채소를 담고 그 위에 3의 드레싱을 끼얹은 후 구운 닭가슴살을 올려 낸다.

연두부 샐러드

샐러드

| 재료

연두부 1모 / 오이 1/6개 / 당근 1/6개 / 무순 10g / 가쓰오 부시 2큰술

| 드레싱

참깨가루 3큰술 / 땅콩버터 1큰술 / 다시마물 5큰술 / 간장 1/2큰술 / 다진 마늘 1/2작은술 / 케첩 1/2작은술 / 핫소스 1/2작은술 / 소금 약간

참깨는 몸에 필요한 영양소를 보충하는 식품으로 위를 보호하여 다이어트 시 채소와 함께 먹으면 더욱 좋다.

레시피

1. **채소 손질하기** 무순은 깨끗이 씻어 놓고, 오이와 당근은 채 썰어 놓는다.
2. **연두부 준비하기** 접시에 준비한 연두부를 놓고 그 위에 채 썬 채소와 무순을 올린다.
3. **드레싱 만들기** 분량의 재료를 잘 섞어 믹서에 갈아 준다.
4. **가쓰오부시 올리기** 2의 연두부 위에 3의 드레싱을 끼얹고 마지막에 가쓰오부시를 올려 낸다.

드레싱에서 통깨를 사용할 경우, 통깨를 먼저 갈아준 다음 나머지 재료를 넣고 갈아야 통깨가 잘 갈아져 부드러운 드레싱이 된다.

토마토 멸치 샐러드

샐러드

| 재료
토마토 3개 / 잔멸치 30g / 마늘 3알 / 올리브유 1큰술

| 드레싱
간장 1큰술 / 식초 2큰술 / 청주 1큰술 / 설탕 1작은술

멸치는 다이어트 시 부족한 칼슘을 보충해 준다.

| 레시피

1 **토마토 손질하기** 토마토는 깨끗이 씻어 반달 모양으로 썰어 놓는다.

2 **마늘 씰기** 마늘은 편으로 썰어 놓는다.

3 **마늘향 내기** 달궈진 프라이팬에 올리브유와 마늘을 넣어 볶아 향을 낸다.

4 **멸치 볶기** 마늘이 노릇해지면서 마늘향이 나면 멸치를 넣어 같이 볶는다.

5 **드레싱 만들기** 분량의 재료를 잘 섞어 드레싱을 만든다.

6 **접시에 담기** 멸치가 식으면 접시에 토마토를 가지런히 올려놓고 그 위에 멸치를 얹는다. 그 위에 5의 드레싱을 끼얹어 낸다.

- 토마토 대신 연두부 위에 멸치를 올려도 좋다.
- 멸치는 맑고 투명한 것을 선택하여 짜지 않은 것을 사용해야 한다.

토마토 브로콜리 샐러드

샐러드

재료	드레싱
토마토 3개	다진 양파 3큰술
피망 1개	파인애플 2조각
파프리카 1/2개	오렌지즙 4큰술
브로콜리 1/2개	식초 1/2컵
적채 약간	포도씨유 1큰술
	매실청 2큰술
	설탕 1큰술
	레몬즙 1큰술
	소금 1작은술

토마토는 비타민 A, B, C, 칼륨, 칼슘 등의 미네랄이 풍부하여 암의 발생을 억제하고 고혈압을 예방한다. 콜레스테롤을 낮추어 주고 과식을 억제하여 비만 예방에 도움을 준다.

레시피

1. **토마토, 적채 손질하기** 토마토는 깨끗이 씻어 반달 모양으로 썰고, 적채는 채 썰어 놓는다.
2. **피망, 파프리카 손질하기** 피망, 파프리카는 2.5×2.5cm 크기로 썰어 놓는다.
3. **브로콜리 손질하기** 브로콜리는 한입 크기로 썰어 데쳐 놓는다.
4. **드레싱 만들기** 다진 양파와 다진 파인애플을 넣고 분량의 나머지 재료를 섞어 드레싱을 만든다.
5. **접시에 담기** 접시에 토마토를 모양 내어 담고 그 위에 채소를 얹은 다음 4의 드레싱을 끼얹어 낸다.

 토마토는 기름과 함께 먹으면 영양소가 9배 증가하므로, 샐러드에 이용하여 드레싱과 함께 먹으면 좋다.

두부 미역 샐러드

샐러드

{ 재료

생식용 두부 1모 / 미역 30g / 오이 1개 / 양상추 1/4개

{ 드레싱 (2가지 중 기호에 따라 사용한다.)

[가쓰오부시 드레싱]
다시마 · 가쓰오부시 국물 1컵(다시마 1장(10×10), 가쓰오부시 3큰술) / 식초 4큰술 / 설탕 3큰술 / 간장 1큰술 / 레몬즙 1큰술 / 소금 1/2작은술

[간장 드레싱]
간장 2큰술 / 설탕 2큰술 / 물엿 2큰술 / 사과식초 4큰술 / 참기름 1큰술 / 다진 양파 2큰술 / 다진 마늘 1큰술 / 통깨 1작은술 / 다진 대파 1큰술

레시피

1. **두부 썰기** 두부는 사방 1.5cm의 주사위 모양으로 자른다.
2. **미역 자르기** 미역은 물에 불려 짠맛을 뺀 다음 끓는 물에 살짝 데쳐 잘라 놓는다.
3. **오이 썰기** 오이는 반달 모양으로 썬다.
4. **양상추 손질하기** 양상추는 손으로 뜯어 씻어 놓는다.
5. **드레싱 만들기** 분량의 재료를 섞어 드레싱을 만든다.
6. **접시에 담기** 접시에 양상추, 미역, 오이, 두부 순으로 올린 다음 5의 드레싱을 끼얹어 낸다.

가쓰오부시는 다시마물이 끓은 뒤에 넣고 끓이지 않아야 국물 맛이 탁하지 않다.

미역은 몸에 좋아 가정에서 자주 해먹는 요리 중 하나인데 짠맛을 잘 빼 주는 것이 포인트이다.

Diet Salad

돼지고기 샤브샤브 냉채

샐러드

재료
돼지고기 샤브용(안심) 200g / 양상추 1/4개 / 셀러리 1줄기 / 비타민 50g

고기 데침용
대파 1뿌리 / 생강 1쪽 / 청주 1큰술 / 소금 약간

드레싱
다진 양파 3큰술 / 간장 2큰술 / 식초 1.5큰술 / 다진 유자청 1큰술 / 고추냉이(와사비) 갠 것 1작은술 / 물 2큰술

레시피

1. **고기 데칠 물 준비하기** 냄비에 물을 넣고 대파, 생강, 청주, 소금을 넣어 팔팔 끓으면 건더기는 체에 걸러 낸다.
2. **샤브용 고기 데치기** 샤브용 고기를 조금씩 나눠 1의 끓는 물에 데쳐 낸 후 차게 식힌다.
3. **양상추, 비타민 손질하기** 양상추는 손으로 뜯어 놓고, 비타민은 적당한 크기로 썬다.
4. **셀러리 썰기** 셀러리는 깨끗이 씻어 다듬은 후 어슷썬다.
5. **드레싱 만들기** 분량의 재료를 섞어 드레싱을 만든다.
6. **접시에 담기** 접시에 채소를 올리고, 익혀 놓은 샤브용 고기를 올린다. 먹기 직전에 드레싱을 끼얹어 낸다.

고기를 데친 후 얼음물에 담갔다 건지면 잡맛이 빠져 담백하다.

Recipe Tip 드레싱을 만들 때 유자청(유자 건더기) 대신 다진 레몬 껍질에 설탕을 첨가하여 사용하거나, 매실청을 사용해도 좋다.

청국장 샐러드

샐러드

| 재료
각종 쌈 채소 150g
피망 1/2개
파프리카 1/2개
연근 50g
(설탕, 식초 각 1작은술)
영양부추 30g

| 드레싱
생청국장 2큰술
포도씨유 4큰술
레몬즙 2큰술
식초 1큰술
매실청 1큰술
마늘즙 1작은술
소금 약간

연근은 식물성 섬유가 풍부하여 장 내 활동을 활발하게 하고, 비만을 예방해 주며, 체내의 콜레스테롤 수치를 내려주는 효능을 지니고 있다.

| 레시피

1 **채소 손질하기** 각종 쌈 채소는 깨끗이 씻어 차가운 물에 담갔다 건져 손으로 뜯어 놓는다.

2 **피망, 파프리카 채 썰기** 피망과 파프리카는 채 썰어 놓는다.

3 **영양부추 썰기** 영양부추는 4cm 길이로 썰어 놓는다.

4 **연근 절이기** 연근은 얇게 썰어 설탕, 식초에 10분 동안 담갔다 건져 놓는다.

5 **드레싱 만들기** 분량의 재료를 섞어 드레싱을 만든다.

6 **접시에 담기** 접시에 손질한 재료를 모양 내어 담고 5의 드레싱을 먹기 직전 끼얹어 낸다.

 청국장은 지방으로 쌓이는 것을 예방하는 비타민 B군의 분해 작용으로 다이어트에 좋은 음식이다. 또한 콜레스테롤 수치를 낮추어 준다.
생청국장 대신 시판용 낫또를 사용해도 좋다.

산야초 모듬 샐러드

샐러드

| 재료
참나물 50g
적채 1/4개
딸기 4개
당귀 30g
참취 30g
돗나물 50g

| 딸기 드레싱
딸기 200g
올리브유 3큰술
배 50g
레몬즙 1개 분량
꿀 1큰술
소금 1/2작은술

당귀는 여성에게 탁월한 약초로 늘 먹어도 좋으며 생리불순, 갱년기 질환, 혈액순환 장애 등에 효과가 있다. 당귀잎은 쌈으로도 많이 이용되고 있다.

레시피

1. **참나물 손질하기** 참나물은 깨끗이 씻어 잎을 떼 놓는다.
2. **적채 손질하기** 적채는 채 썰어 찬물에 5분 동안 담갔다 건져 놓는다.
3. **딸기 썰기** 딸기는 꼭지째 깨끗이 씻은 후 꼭지를 떼어내고 반으로 자른다.
4. **당귀 썰기** 당귀는 부드러운 줄기와 잎을 떼 내어 4cm 길이로 썰어 놓는다.
5. **참취 썰기** 참취는 손질한 후 깨끗이 씻어 4cm 길이로 썰어 놓는다.
6. **돗나물 손질하기** 돗나물은 손질하여 깨끗이 씻어 놓는다.
7. **드레싱 만들기** 분량의 재료를 믹서에 갈아 드레싱을 만든다.
8. **접시에 담기** 접시에 손질한 재료를 올리고 7의 드레싱을 먹기 직전 끼얹어 낸다.

드레싱 재료로 딸기뿐 아니라 계절에 따라 포도(포크로 씨만 뺌), 키위 등 제철 과일을 활용하면 좋다.

시금치 베이컨 샐러드

샐러드

|재료

시금치 150g / 토마토 1개 / 베이컨 3장 / 크루통 1개 /
파마산 치즈 1작은술 / 식용유 적당량

|크루통

식빵 1조각 / 다진 마늘 1/2작은술 / 올리브유 1작은술 /
파슬리가루 약간 / 소금 약간

|드레싱

간장 1큰술 / 발사믹 식초 2작은술 / 레몬즙 2작은술 / 설탕 1작은술 / 후추 약간

시금치는 식이섬유소가 많아 변비에 좋고 콜레스테롤 수치를 저하시키며, 쉽게 피로해지는 사람의 체질 개선에 좋다.

레시피

1. **시금치 손질하기** 시금치는 연한 잎으로 준비해 씻어 손으로 뜯어 둔다.
2. **베이컨 굽기** 프라이팬에 올리브유를 두르고 베이컨을 노릇노릇하게 구워 놓는다.
3. **토마토 썰기** 토마토는 큼직하게 썰어 놓는다.
4. **크루통 만들기** 다진 마늘, 올리브유, 파슬리 가루, 소금을 섞어 식빵에 바르고, 프라이팬이나 오븐에 구워 사방 2cm 크기로 썰어 놓는다.
5. **드레싱 만들기** 분량의 재료를 섞어 드레싱을 만든다.
6. **접시에 담기** 접시에 시금치, 토마토를 담고 베이컨을 올린 후 먹기 직전에 5의 드레싱을 끼얹는다.
7. **크루통, 치즈 뿌리기** 마지막에 크루통과 파마산 치즈를 뿌려 낸다.

베이컨 구울 때 올리브유는 적당히 사용한다.

크루통 굽기

- 베이컨은 기름 두른 프라이팬에 구워야 기름이 더 잘 빠진다.
- 크루통은 식빵을 잘라 토스트한 후 크림수프의 건더기로 먹기 직전에 위에 띄우거나 샐러드에 섞어 먹기도 한다.

산마, 콩 샐러드

샐러드

재료
산마 100g / 여러 가지 콩 100g / 프룬(건자두) 30g

프룬은 자두를 말린 것으로, 배변을 원활하게 하여 다이어트에 좋다. 우유나 요구르트와 함께 믹서에 갈아 마셔도 좋다.

드레싱
키위 1개 / 올리브유 2큰술 / 식초 1큰술 / 설탕 1큰술 / 다진 양파 1큰술 / 소금 약간

레시피

1. **산마 손질하기** 산마는 손질한 후 깍둑썰기하여 끓는 물에 살짝 데쳐 끈적임이 없도록 한다.
2. **콩 삶기** 콩은 깨끗이 씻어 삶아 놓는다.
3. **프룬 썰기** 프룬(건자두)은 4등분하여 썬다.
4. **드레싱 만들기** 키위는 강판에 갈아 나머지 드레싱 재료와 잘 섞어 준다.
5. **접시에 담기** 산마, 콩, 프룬을 섞어 접시에 담고 4의 드레싱을 먹기 직전에 끼얹어 낸다.

산마는 껍질을 벗겨 사용한다.

콩 비린내 없이 삶는 법
대두콩이나 서리태는 불려서 삶는다. 대두콩은 너무 많이 삶으면 메주 냄새가 나고, 덜 삶으면 비린내가 나므로 끓기 시작하면 불을 줄인 다음 2분 후에 끈다. 특히 여름철에는 햇콩을 이용하면 맛있다.

Diet Salad

도토리묵 무침

샐러드

{ 재료

도토리묵 1모 / 오이 1개 / 당근 1/4개 / 깻잎 7장 / 상추 3장 / 풋고추 2개 / 붉은 고추 1개 / 쑥갓 30g / 김 1장 / 통깨 1큰술

{ 양념장

간장 3큰술 / 다시물 1.5큰술 / 고춧가루 1큰술 / 다진 파 1/2큰술 / 다진 마늘 1작은술 / 들기름 1큰술 / 들깨 2큰술 / 참기름 1작은술 / 설탕 1작은술

도토리묵은 저칼로리로 비만 체질 개선에 도움이 되며 중금속 해독 작용에도 탁월하다.

레시피

1. **도토리묵 썰기** 도토리묵은 직사각형으로 큼직하게 썰어 놓는다.
2. **오이, 당근, 쑥갓 손질하기** 오이와 당근은 길이로 반 나누어 어슷썰고, 쑥갓은 4cm 길이로 썰어 둔다.
3. **깻잎, 상추, 고추 손질하기** 깻잎, 상추는 큼직하게 채 썰고, 풋고추와 붉은 고추는 어슷하게 썬다.
4. **김 채 썰기** 김은 살짝 구워 채 썰어 둔다.
5. **양념장 만들기** 분량의 재료를 섞어 양념장을 만든다.
5. **접시에 담기** 볼에 준비한 채소를 섞어 담고 양념장에 버무린 다음 묵을 넣고 다시 한번 무쳐 접시에 담고 김과 통깨를 뿌려 낸다.

깻잎은 반 나누어 썰어야 먹기 편하다.

묵 쑤는 법

묵가루 : 물(1 : 6.5 비율), 소금 약간, 식용유 약간
1 정확히 계량하여 모두 섞어 담고 중불에서 저어가며 끓인다.
2 끓으면 약불로 낮춰 저어가며 30분 이상 뜸을 들인다.

불고기 냉채

샐러드

재료	드레싱	고기 양념

재료
등심(안심) 200g
상추 80g
양파 1/4개
오이 1개
올리브유 3큰술

드레싱
간장 2큰술
현미식초 2큰술
설탕 1.5큰술
레몬즙 1큰술
디종 머스터드 5작은술
후추 약간

고기 양념
간장 1.5큰술
설탕 1큰술
다진 마늘 2작은술
청주 2작은술
참기름 2작은술
깨소금 1큰술
후추 약간
배즙(또는 파인애플즙) 1큰술

레시피

1. **고기 양념에 재어 놓기** 불고기용 고기를 두께 6mm 정도로 썰어 분량의 고기 양념에 재어 놓는다.
2. **상추 손질하기** 상추는 먹기 좋은 크기로 뜯어 놓는다.
3. **양파 채 썰기** 양파는 곱게 채 썬 후 찬물에 담갔다 건져 둔다.
4. **오이 썰기** 오이는 길이로 반 자른 후 어슷어슷 썰어 놓는다.
5. **불고기 볶기** 양념한 불고기는 보슬보슬하게 볶아 한 김이 나간 다음 사용한다.
6. **드레싱 만들기** 분량의 재료를 섞어 드레싱을 만든다.
7. **접시에 담기** 상추, 양파, 오이를 올리브유에 살살 버무린 다음 접시에 담고 5의 고기를 얹은 후 6의 드레싱을 끼얹는다.

 레시피 7에서처럼 채소를 올리브유에 먼저 버무리게 되면 드레싱 간장에 절여지지 않아 채소의 신선함이 오래 유지된다.

특·별·한·다·이·어·트
일품 요리

Part 2

버섯 카레라이스

일품요리

| 재료

쇠고기 100g / 양송이버섯 100g / 느타리버섯 100g / 표고버섯 100g / 양파 1/2개 / 사과 1/2개 / 밥 1.5 공기 / 마늘 3쪽 / 포도씨유 2큰술 / 물 3컵 / 저지방 우유 1/2컵 / 소금, 후추 약간씩

| 카레 푼 물

카레가루 70g / 강황가루 30g / 물 1컵

카레에 푸함된 '캅사이신'이 체내에 흡수되면 뇌를 활동시켜 '카테고라민'이라는 호르몬 분비를 촉진시켜 다이어트에 효과적이다.

레시피

1. **쇠고기, 양파, 사과 썰기** 쇠고기, 양파, 사과는 사방 1cm 길이로 썬다.
2. **버섯 손질하기** 느타리버섯, 양송이버섯, 표고버섯은 손질하여 적당한 크기로 썬다.
3. **쇠고기, 양파, 사과 볶기** 냄비에 포도씨유를 두르고 저민 마늘을 볶다가 쇠고기, 양파, 사과를 넣어 볶은 후 물을 붓고, 끓으면 저지방 우유를 붓는다.
4. **카레 완성하기** 3에 2의 버섯을 넣고 준비한 카레 푼 물을 붓고 잘 저어 끓으면 소금, 후추로 간하여 완성한다.

 카레를 만들어 1인분씩 포장하여 냉동 보관한 후 필요할 때 전자레인지에 데워 먹으면 편리하다.

율무 수제비

일품요리

| 재료
호박 1/3개 / 양파 1/4개 / 청양고추 1개 / 국간장 1큰술 /
다진 마늘 1/2큰술 / 된장 1작은술 / 소금 약간

| 반죽
율무가루 1컵 / 밀가루 3큰술 / 소금 1/4작은술 / 물 7~8큰술

| 국물
국물용 멸치 10마리 / 다시마(10×10) 1장 / 물 6컵

율무는 단백질 분해 효소를 지니고 있어 소화가 잘 되며, 곡물로도 영양이 뛰어나다. 소변을 잘 보게 하고 부종을 없애며, 변비나 비만을 방지하는데 탁월한 효과가 있다.

✿ 레시피

1. **반죽 만들기** 반죽용 물에 소금을 넣어 녹인 후 율무가루와 밀가루를 섞어 고루 치대어 둔다.

2. **멸치 국물 만들기** 냄비에 국물용 멸치를 넣어 볶다가 물을 붓고, 다시마를 넣어 끓으면 다시마는 건져 내고 불을 끈 다음 10분 후 체에 걸러 국물로 사용한다.

3. **호박, 양파, 고추 썰기** 호박은 반달썰기하고, 양파는 채 썰고, 청양고추는 어슷썬다.

4. **수제비 떼어 넣기** 2의 국물에 된장을 체에 걸러 넣고 다진 마늘, 양파와 함께 수제비를 얇게 떼어 넣고 끓인다.

5. **수제비 완성하기** 수제비가 끓으면 호박을 넣고 국간장과 소금으로 간하여 한소끔 끓여 낸다.

↳ 율무가루와 밀가루를 고루 섞어 치댄다.

율무 수제비는 반죽을 잘 해야 손에 달라 붙지 않고 깔끔한 수제비를 만들 수 있다.

Diet Cooking

쌀국수

일품요리

재료
쌀국수 400g / 월남고추 5개 / 숙주 150g / 대파 1대 / 휘시 소스 2큰술 / 고수잎 약간 / 소금 약간

육수
소뼈 200g / 쇠고기(양지) 200g / 양파 1/2개 / 생강 1쪽 / 팔각 1개 / 정향 2알 / 통계피(5cm) 1개 / 물 7컵

팔각   정향

휘시 소스는 생선에 소금, 설탕을 넣고 발효시킨 액젓으로, 태국 소스이며 '남쁠라'라고 불린다. 우리나라의 까나리액젓이나 멸치액젓과 비슷하며 감칠맛이 난다.

레시피

1. **소 핏물 빼기** 소뼈와 쇠고기는 흐르는 물에 30분 동안 핏물을 빼 놓는다.
2. **육수 만들기** 냄비에 소뼈, 양파와 생강을 넣고 볶다가 나머지 육수 재료인 고기, 팔각, 통계피, 정향을 넣어 끓인다.
3. **육수 체에 거르기** 고기는 건져 식으면 납작하게 썰어 놓고, 육수는 체에 걸러 휘시 소스를 넣고 소금으로 간한다.
4. **숙주, 대파 손질하기** 숙주는 다듬어 씻고, 대파는 어슷썬다.
5. **고수, 월남고추 손질하기** 고수는 잘게 뜯어 놓고, 월남고추는 송송 썬다.
6. **쌀국수 삶기** 쌀국수는 끓는 물에 삶아 건져 놓는다.
6. **쌀국수 완성하기** 그릇에 쌀국수를 담고 육수를 부은 후 고추와 대파, 숙주, 썰어 놓은 고기를 넣고 고수를 얹어 낸다.

 휘시 소스 대신 멸치액젓을 사용해도 된다.

잔치국수

일품요리

재료
애호박 1/3개
(식용유 1/2큰술, 다진 마늘 1작은술, 소금 약간)
달걀 1개
김치 100g
(다진 마늘 1작은술, 참기름 1작은술, 설탕 약간)
소면 200g
소금 약간

국물
다시마 1조각
국물용 멸치 7마리
양파 1/4쪽
대파 1뿌리
통마늘 2쪽
건고추 2개
무 50g
통후추 1작은술
청주 1큰술
국간장 1/2큰술
물 7컵

달걀은 우리 몸에 필요한 필수 아미노산인 리신, 메티오닌, 트립토판 등을 골고루 함유하고 있어 영양가가 매우 뛰어나 다이어트 시 부족한 영양을 보충하는 데 좋다.

레시피

1. **국물 내기** 국물용 멸치의 머리와 내장을 다듬은 후 뜨거운 냄비에 볶다가 물을 붓고 나머지 재료들을 넣어 뚜껑을 열고 끓인다.
2. **애호박 볶기** 애호박은 채 썰어 식용유를 두르고 다진 마늘과 소금을 넣어 볶는다.
3. **김치 무치기** 김치는 송송 썰어 참기름, 다진 마늘, 설탕을 넣고 무친다.
4. **달걀 지단 만들기** 달걀은 황·백으로 나누어 지단을 부친 후 채 썰어 고명으로 사용한다.
5. **소면 삶기** 소면은 국수 양의 6배의 물을 붓고 끓으면 찬물 반컵 넣기를 2회 반복하여 국수가 투명해지면 꺼내어 차가운 물에 비벼 쫄깃하게 해 놓는다.
6. **완성하기** 1의 국물에 삶아 둔 국수를 넣고 살짝 데워 소금으로 간한 후, 호박, 김치, 달걀 지단을 얹어 낸다.

빈 냄비에 손질된 멸치를 넣고 볶다가 사용해야 비린내가 없다.

일식 냉소면

일품요리

|재료
생소면 200g
김 1장
실파 20g
무 50g
다시마(10×10) 1장
가쓰오부시 5큰술
물 4컵
고추냉이(와사비) 약간

|국물
가쓰오부시 국물 3컵
간장 8큰술
설탕 2큰술
청주 4큰술

무는 천연 소화제로 불리며 비타민 C가 사과보다 10배 많고, 해독작용과 이뇨작용이 탁월해 다이어트에 좋은 식재료이다.

레시피

1. **가쓰오부시 국물 만들기** 냄비에 물과 다시마를 넣고 끓어오르면 가쓰오부시를 넣고 바로 불을 끈 다음 20분 후 체에 내려 가쓰오부시 국물을 만든다.
2. **국물 차게 식혀 놓기** 1에 분량의 국물 재료(간장, 설탕, 청주)를 넣고 살짝 끓여 차게 식힌다.
3. **김, 실파, 무 손질하기** 김은 구워 곱게 채 썰고, 실파는 송송 썰고, 무는 강판에 갈아 건더기만 준비한다.
4. **생소면 삶기** 끓는 물에 생소면을 넣고 삶아 찬물에 헹궈 둔다.
5. **완성하기** 그릇에 삶아 둔 생소면을 담고 차게 식혀둔 국물을 조심스럽게 부은 후 무와 김, 실파, 고추냉이를 얹어 낸다.

 소스나 국물은 간장 발효의 떫은 맛이나 청주의 알코올 성분과 잡맛 등을 날려주어야 하므로 끓여 사용하는 것이 바람직하다.

두유 마늘크림 스파게티

재료

스파게티 100g / 두유 1컵 / 파마산 치즈 100g / 칵테일 새우 100g / 양파 1/4개 / 올리브유 적당량 / 마늘 2알 / 소금 1큰술 / 흰후추 약간 / 파슬리가루 약간

두유는 당도가 없는 것으로 구입해야 칼로리도 낮고 맛도 좋다. 저칼로리 우유를 사용해도 좋다.

레시피

1. **양파, 마늘 손질하기** 양파는 다져 놓고, 마늘은 편으로 썬다.
2. **스파게티면 삶기** 끓는 물에 소금 1/2큰술, 올리브유 1큰술을 넣고 스파게티면을 넣어 10분 정도 삶아 건져 둔다.
3. **새우 볶기** 팬에 올리브유를 두르고 양파와 마늘을 넣고 볶다가 새우를 넣어 볶는다.
4. **스파게티면 넣기** 3에 두유를 넣어 살짝 끓인 후 삶아 둔 스파게티면과 파마산 치즈를 넣고, 소금·후추로 간을 한다.
5. **접시에 담기** 접시에 4를 담고 파슬리가루를 뿌려 낸다.

- 브로콜리, 양송이, 가지 같은 채소류와 함께 조리하면 더욱 좋다.
- 보통 크림 파스타는 루(동량의 밀가루와 버터를 볶은 것)를 이용하여 농도를 조절하나 칼로리 때문에 생략한 것이므로 필요 시 버터 1큰술에 밀가루 1큰술을 넣고 약한 불로 볶다가 두유를 조금씩 넣어가며 풀어준 후 요리한다.

간편 두부 수프

일품요리

| 재료
연두부 1팩
저지방 우유 1/2컵
물녹말 3큰술
(물 3큰술, 녹말가루 3큰술)
소금, 후추 약간씩

| 다시마 채소 물
다시마 1조각
당근 30g
양파 1/4개
물 1컵

두부는 다이어트에 부족한 칼슘을 보충하고 적은 양으로도 포만감을 주어 살 빼는 데 효과적이다.

레시피

1. **다시마 채소 물 만들기** 냄비에 다시마, 당근, 양파, 물을 분량대로 넣고 끓여 체에 걸러 다시마 채소 물을 만든다.
2. **연두부 믹서에 갈기** 연두부를 1의 다시마 야채 물과 함께 믹서에 간다.
3. **연두부 끓이기** 냄비에 2를 넣고 끓으면 저지방 우유를 넣은 다음 물녹말로 농도를 조절하여 두부 수프를 만든다.
4. **완성하기** 그릇에 두부 수프를 담고 소금, 후추로 약하게 간하여 완성한다.

Recipe Tip 다시마 채소 물 재료로는 집에 있는 채소 그 어떤 것을 활용해도 좋다.

2

3-1

3-2

동치미 국수

일품요리

| 재료

동치미 무 100g / 동치미 국물 1컵 / 식초 2큰술 / 물 1/2컵 / 소면 150g / 방울토마토 약간
※ 오이를 채 썰어 국수에 이용해도 좋다.

레시피

1. **동치미 국물 냉동실에 보관하기** 동치미 국물과 물을 섞은 후 동치미의 익은 정도에 따라 식초를 넣어 냉동실에 살짝 얼려 놓는다.
2. **소면 끓이기** 소면 양의 6배의 물을 붓고 끓으면 소면을 넣어 부르르 끓인 후 찬물 반 컵 붓기를 2회 반복하여 국수가 투명해지면 건져 찬물에 비벼 헹궈 놓는다.
3. **완성하기** 그릇에 면을 담고 동치미 무와 방울토마토를 올린 다음 동치미 국물을 넣어 먹는다.

 칼로리가 적은 반면 동치미 국물을 많이 먹는 것은 금물! 특히나 짠 동치미를 이용할 경우 수분 섭취가 많아지므로 주의하여야 한다. 열무 물김치를 이용해도 좋다.

간편 동치미

| 재료

무 1개(알타리무 1/2단) / 굵은 소금 1/2컵 / 쪽파 10뿌리 / 삭힌 고추 5개 / 양파 1/4개 / 배 1/2개 / 홍고추 2개 / 파뿌리 2개 / 마늘 6알 / 생강 1쪽

| 국물 양념

물 4L / 굵은 소금 1컵 / 찹쌀풀 1컵 (찹쌀가루 1큰술, 물 1컵) / 설탕 2큰술

| 레시피

1. 무는 깨끗이 씻어 가로 4cm, 세로 1cm 크기로 썰어 굵은 소금에 30분 동안 절여 한 번만 씻어 건져 놓는다.(알타리무를 쓸 경우 길이로 얇게 썰어도 좋다.)
2. 쪽파는 소금에 살짝 절였다가 2~3뿌리씩 돌돌 말아 묶어 사용하거나 4cm 길이로 썬다.
3. 마늘, 생강은 저미고, 양파는 채 썰고, 배는 얇게 썰어, 파뿌리와 함께 양념 주머니에 싼다.
4. 3을 김치통 바닥에 넣고 손질된 무와 쪽파, 홍고추, 삭힌 고추를 넣는다.
5. 찹쌀풀을 쑤어 남은 국물 양념들과 고루 섞은 다음 준비된 4에 붓고 실온에서 익으면 냉장 보관 후 먹는다.

70

들깨 미역 조랭이 떡국

일품요리

{ 재료

마른 미역 30g / 조랭이 떡국 100g / 새송이버섯 1개 / 양파 1/4개 / 실파 2줄기 / 국물(멸치, 다시마, 물) 5컵 / 들깨 볶지 않은 것 4큰술 / 불린 쌀 1큰술 / 국간장 1큰술 / 들기름 1큰술 / 다진 마늘 1큰술 / 소금 약간

레시피

1. **미역 손질하기** 미역은 불려 소금을 넣고 바락바락 주물러 씻어 잘라 놓는다.
2. **새송이버섯, 양파, 실파 썰기** 새송이버섯은 적당한 크기로 썰고, 양파는 채 썰고, 실파는 4cm 길이로 썬다.
3. **들깨 갈기** 들깨는 잘 씻어 불린 쌀과 물 4큰술을 넣어 곱게 갈아 놓는다.
4. **국물 만들기** 냄비에 국물용 멸치를 볶다가 불려 둔 다시마와 물을 넣고 끓인 후 체에 거른다.
5. **미역과 버섯 볶기** 팬에 들기름과 미역, 버섯을 넣고 볶다가 4의 국물과 채썬 양파, 국간장, 다진 마늘을 넣어 끓인다.
6. **완성하기** 5가 팔팔 끓으면 들깨즙과 조랭이 떡을 넣고 한소끔 더 끓인 후 소금으로 간하여 완성한다.

- 들깨의 까칠함이 싫다면 들깨를 갈아서 체에 걸러 사용한다.
- 미역 불린 것은 소금을 넣고 주물러 씻으면 미끈거림이 적어진다.

시금치 해산물 파스타

일품요리

| 재료

시금치 페튜치네 파스타 150g / 홍합 10개 / 바지락 300g / 새우 5마리 / 오징어 1마리
화이트와인 4큰술 / 양송이 5개 / 양파 1/6개 / 마늘 2쪽 / 파슬리 약간

| 미트 소스

토마토 홀 400g / 토마토 페이스트 2큰술 / 양파 1/4개 / 마늘 2쪽 / 육수 1컵 / 월계수
잎 2장 / 설탕 1작은술 / 바질, 소금, 후추 약간씩 / 올리브유 적당량

레시피

1 **양파, 마늘 손질하기** 양파, 마늘은 손질하여 다져 놓는다.

2 **홍합, 바지락, 새우, 오징어 손질하기** 홍합은 깨끗이 손질하고, 바지락은 해감 하여 놓고, 새우는 머리와 내장을 다듬은 후 껍질을 벗겨 놓는다. 오징어는 몸통만 이용하는데, 껍질을 벗겨 링 모양으로 썬다.

3 **양송이 썰기** 양송이는 도톰하게 썰어 놓는다.

4 **해산물 볶기** 팬에 올리브유를 두르고 다진 양파와 마늘을 넣어 볶다가, 손질한 해산물을 넣어 볶는다. 화이트와인을 두르고 뚜껑 덮어 익힌 후 체에 밭쳐 둔다.(국물은 육수로 사용한다.)

5 **시금치 페튜치네 삶기** 끓는 물에 시금치 페튜치네와 소금 1/2큰술, 올리브유 1큰술을 넣은 후 10~12분 정도 삶아 건진다.

6 **소스 만들기** 새로운 팬에 올리브유를 두르고 다진 양파와 마늘을 넣어 볶다가 토마토 홀과 페이스트를 넣어 충분히 볶은 다음 육수, 월계수잎, 바질, 설탕을 넣어 소스를 만든다.(육수 부족 시 물을 더 첨가한다.)

7 **파스타 완성하기** 6의 소스에 파스타와 해산물을 넣고 소금, 후추로 간한 다음 파슬리를 뿌려 낸다.

파스타는 밀가루로 만든 모든 것을 의미하며 우리가 주로 사용하는 것은 스파게티 면이다. 면을 삶은 후 오일이나 버터에 버무리면 불지 않는다. 하지만 다이어트 시 에는 열량 높은 오일을 사용하지 않는다.

Diet Cooking

실곤약 비빔면

일품요리

재료	양념
실곤약 200g	고춧가루 1.5큰술
오징어 1마리	고추장 1.5큰술
깻잎 7장	설탕 1큰술
적채 1잎	식초 2큰술
당근 1/3개	다진 마늘 1/2큰술
무순 10g	다진 생강 1작은술
풋고추 1개	참기름 1작은술
통깨 2큰술	

곤약은 칼로리가 낮을 뿐만 아니라 '글루코만난'이라는 식이섬유로 인해 꾸준히 먹으면 체중을 감소시켜 준다.

레시피

1. **실곤약 삶기** 실곤약은 깨끗이 헹군 다음 찬물에서부터 10분 동안 삶아 곤약 특유의 냄새를 없앤다.
2. **오징어 삶기** 오징어는 링 모양으로 썰어 끓는 물에 데쳐 식혀 놓는다.
3. **깻잎, 적채, 당근, 무순 손질하기** 깻잎, 적채, 당근은 곱게 채 썰고, 무순은 깨끗이 씻어 놓는다.
4. **풋고추 채 썰기** 풋고추는 씨를 빼고 채 썬다.
5. **양념 만들기** 분량의 재료를 넣고 양념을 만든다.
6. **완성하기** 삶아 놓은 실 곤약에 오징어와 채소를 넣고 5의 양념과 통깨를 넣어 무쳐 완성한다.

 오징어에 붙어 있는 밥풀 같은 것은 기생충이므로 반드시 제거한 후 요리한다. 또한 오징어의 껍질에는 영양분은 많으나 소화가 잘 되지 않으므로 벗겨 요리하는 것이 좋다.

해물 된장국수

일품요리

재료	양념	국물
생칼국수 200g	왜된장 1큰술	무 50g
오징어 1/2마리	청주 1큰술	다시마 2장
새우(중하) 4마리	가쓰오부시 가루 1작은술	가쓰오부시 4큰술
팽이버섯 1봉	소금, 후추 약간씩	물 6컵
표고버섯 1개		
쑥갓 2줄기		
대파 1뿌리		

좋은 된장을 담그기 위해서는 좋은 재료가 기본이며 맑은 공기와 햇볕 그리고 담는 이의 정성이 필요하다. 된장 특유의 맛은 바실러스라는 균에 의해 생기는 것이며, 100% 콩으로 만들고 여러 복합 균에 의해 작용을 받아서 뛰어난 효능을 지닌다.

레시피

1 **국물 만들기** 무를 납작하게 썰어 다시마, 물과 함께 넣고 끓으면 가쓰오부시를 넣고 불을 끈다. 15분 후에 체에 거른다.
2 **오징어, 새우 손질하기** 오징어는 껍질을 벗겨 먹기 좋게 썰고, 새우는 등에 있는 내장을 빼 낸다.
3 **버섯 손질하기** 팽이버섯은 밑동을 잘라내고, 표고버섯은 굵게 채 썬다.
4 **쑥갓, 대파 손질하기** 쑥갓은 5cm 길이로 자르고, 대파는 어슷썬다.
5 **양념 만들기** 분량의 재료로 양념을 만든다.
6 **완성하기** 냄비에 국물, 칼국수, 양념, 오징어, 새우, 대파를 넣고 한소끔 끓으면 팽이버섯과 표고버섯, 쑥갓을 넣어 완성한다.

- 칼국수 면은 별도의 끓는 물에 데쳐낸 후 끓이면 국물이 개운하고 맛있다.
- 칼국수 면 자체에 염분(소금)이 많으므로 마지막에 국물 간하는 것이 바람직하다.

마파 두부

일품요리

재료

두부 1모 / 다진 쇠고기 50g / 두반장 1큰술 / 풋고추 1개 / 홍고추 1개 / 대파 1/2개 / 마늘 2쪽 / 생강 1쪽 / 고추기름 2큰술 / 간장 1큰술 / 청주 1큰술 / 굴소스 1큰술 / 설탕 1/2작은술 / 치킨분말 1작은술 / 소금, 후추, 참기름 약간씩 / 끓는 물 1.5컵 / 물녹말(녹말가루 2큰술, 물 2큰술)

레시피

1. **두부 자르기** 두부는 사방 1.5cm 길이로 자른다.
2. **마늘, 생강, 대파 손질하기** 마늘, 생강, 대파는 깨끗이 손질하여 다진다.
3. **고추 썰기** 풋고추, 홍고추는 0.3cm 크기로 자른다.
4. **쇠고기 볶기** 프라이팬에 고추기름을 두르고 대파, 마늘, 생강으로 향을 낸 후, 쇠고기를 넣어 볶다가 간장, 청주를 넣고, 두반장을 넣어 볶는다.
5. **만들기** 4에 끓는 물을 넣고 팔팔 끓으면 두부, 굴소스, 치킨분말, 설탕을 넣고, 간을 보아 싱거우면 소금을 넣는다.
6. **완성하기** 5에 풋고추, 홍고추를 넣고 물녹말로 농도를 조절한 후, 참기름, 후추를 넣는다.

고추기름 만들기

재료
고춧가루 1컵, 식용유 3컵

만드는 방법
1. 고춧가루에 물 1큰술을 섞은 후 뜨겁게 달궈진 식용유를 부어 준다.
2. 잘 우러나면 2~3시간 후 체에 걸러 냉장 보관 후 사용한다.

* 밑반찬 요리나 중국 요리에 다용도로 사용할 수 있다.

메밀 비빔국수

 일품요리

{ 재료

메밀국수 200g / 양배추 1잎 / 오이 1개 / 깻잎 10장 / 참기름 1큰술 / 통깨 1큰술

{ 양념

고추장 1큰술 / 고춧가루 1큰술 / 설탕 1.5큰술 / 식초 2큰술 / 다진 파 1큰술 / 다진 마늘 1/2큰술

메밀은 질 좋은 단백질과 비타민 P인 루타를 함유하고 있어 허약한 사람과 비만한 사람 누구에게나 좋은 영양을 공급하며 성인병 예방에 좋은 식품이다.

레시피

1. **양배추, 오이, 깻잎 채 썰기** 양배추, 오이, 깻잎은 깨끗이 손질하여 곱게 채 썬다.
2. **메밀국수 삶기** 메밀국수는 국수 양의 10배의 물을 붓고 면이 투명해질 때까지 삶아 찬물에 비벼 헹궈 놓는다.
3. **양념 만들기** 분량의 재료를 넣고 양념을 만들어 놓는다.
4. **완성하기** 준비해 둔 메밀국수, 채소, 양념, 참기름, 통깨를 넣고 버무려 완성한다.

부르르 물이 끓으면 찬물 1/2컵을 3회에 걸쳐 부어 주면 건면(마른 면)은 속까지 잘 익어 탄력이 있게 된다.

 양배추나 오이는 최대한 곱게 썰면 많이 먹을 수 있어 포만감을 느끼게 된다. 채소를 많이 먹었을 때 배가 부른 것은 체내의 활성산소의 영향이므로 물을 많이 먹는 것을 잊지 말아야 한다.

해산물 리조또

재료

쌀 1컵 / 새우 4마리 / 홍합 30g / 오징어 1/2마리 / 조개 500g / 다진 마늘 1큰술 / 붉은 고추 2개 / 파슬리 1작은술 / 올리브유 4큰술 / 토마토 홀 1.5컵 / 토마토 페이스트 2큰술 / 생크림 4큰술 / 화이트와인 4큰술 / 소금, 후추 약간씩

레시피

1. **쌀 씻기** 쌀은 쌀눈이 떨어지지 않도록 살살 문질러 씻어 건져 둔다.
2. **새우, 오징어 손질하기** 새우는 머리를 떼고 내장을 빼낸 다음 깨끗이 손질하여 물기를 빼고, 오징어는 껍질을 벗겨 놓는다.
3. **홍합, 조개 손질하기** 홍합은 수염을 떼어내고 껍질을 문질러 씻고, 조개는 소금물에 담가 해감을 시켜 깨끗이 씻어 준비한다.
4. **해산물 볶기** 팬에 올리브유, 다진 마늘을 넣어 볶다가 준비한 해산물을 넣고 한 번 더 볶은 후 화이트와인을 넣고 뚜껑 덮어 익혀 체에 밭쳐 둔다. 국물은 쌀 볶을 때 사용한다.
5. **쌀 볶기** 뚜껑 있는 팬에 올리브유를 붓고 다진 마늘, 어슷 썬 붉은 고추를 넣고 향을 낸 다음, 씻어 건진 쌀을 넣고 센불에서 볶다가 다져 놓은 토마토 홀과 토마토 페이스트를 넣고 물과 4의 국물을 조금씩 수차례 거듭하여 부어가며 볶는다.
6. **익히기** 5를 저어가며 볶다가 쌀이 어느 정도 익으면 약한 불에서 끓인다.
7. **완성하기** 마지막에 생크림을 넣고 소금과 후추로 간을 한 후 파슬리를 뿌려 낸다.

 토마토 홀이나 페이스트 대신 토마토와 케첩을 사용해도 좋다.

5-1

5-2

7

율무 팥죽

붉은 팥은 소변을 잘 나오게 하고, 부기를 가라앉히며 해독에 좋다. 그러나 장기적으로 먹을 경우 열량이 많으므로 다이어트하는 사람들은 주의해야 한다.

레시피

1. **율무가루 섞어 놓기** 율무가루에 물을 섞어 놓는다.
2. **팥 삶기** 붉은 팥은 잘 씻어 잠길 만큼의 물을 붓고 끓으면 첫 물은 따라 버리고 다시 물을 부어 팥이 푹 무르도록 삶아 믹서에 간 후 물을 첨가하여 다시 끓인다.
3. **팥물에 율무 끓이기** 2의 팥물이 끓으면 1의 율무를 붓고 눋지 않도록 고루 저어가며 끓인다.
4. **완성하기** 소금을 약간 넣어 완성하고 기호에 따라 꿀이나 설탕을 넣어 먹는다.

재료

율무가루 5큰술(물 5큰술)
팥 1/2컵
물 2컵
설탕 약간
소금 약간

팥죽을 끓일 때는 팥을 삶아 체에 거르거나 믹서에 갈아 앙금은 남겨두고 윗물로 죽을 끓인 후 마지막에 앙금을 넣으면 죽 끓이기가 수월하다.

녹두죽

녹두는 몸의 안좋은 기운을 해독하는 해독작용이 탁월하므로 한약 먹을 때 무와 더불어 먹지 않는 식품이다. 그러므로 평상시에 녹두와 숙주를 많이 먹도록 한다.

레시피

1. **녹두 불리기** 녹두는 문질러서 씻고 여러 번 헹군 후 4시간 정도 불려 놓는다.
2. **녹두 삶기** 냄비에 불린 녹두와 물을 넣고 20~30분 동안 푹 삶는다. 녹두와 녹두 삶은 물을 분리하고 녹두는 믹서에 갈아 둔다.
3. **녹두죽 끓이기** 녹두 삶은 물에 불린 쌀을 넣고 쌀알이 퍼지도록 끓인다.
4. **완성하기** 쌀이 퍼지면 녹두 갈아놓은 것을 넣고 끓여 죽을 완성한 후 기호에 따라 꿀이나 소금을 곁들여 낸다.

재료

녹두 1컵
쌀 1/2컵
물 4컵
소금 1작은술
꿀 1.5~2큰술

Recipe Tip 녹두 불린 물은 버리지 않고 사용하는데, 껍질을 벗기기 위해 비벼 헹군 물을 사용해야 영양 손실이 없고 맛도 있다.

폼·나·는·다·이·어·트
초대 요리

Part 3

가지 토마토 구이

초대요리

재료

가지 2개(소금, 후추, 올리브유 약간씩) / 양파 1/2개 / 다진 마늘 1작은술 / 토마토 홀 340g / 설탕 1/3작은술 / 소금 1작은술 / 밀가루 1큰술 / 오레가노 약간 / 타임 약간

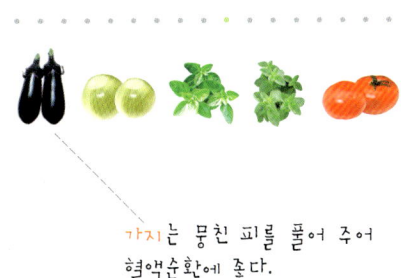

가지는 뭉친 피를 풀어 주어 혈액순환에 좋다.

레시피

1. **가지 속 파내기** 가지는 속을 파내어 소금, 후추, 올리브유로 양념한 후 밀가루를 살짝 바른다.
2. **양파, 토마토 홀 다지기** 양파는 손질하여 깨끗이 씻은 후 잘게 다지고, 토마토 홀도 다진다.
3. **파낸 가지 속 썰기** 1의 파낸 가지 속을 0.3cm 크기로 썬다.
4. **속 재료 볶기** 팬에 올리브유, 양파, 마늘을 넣고 볶다가 가지 속 파낸 것과 토마토 홀, 설탕, 소금, 오레가노, 타임을 넣어 볶는다.
5. **완성하기** 1의 가지에 4를 넣어 속을 채운 후 200℃의 오븐에서 15분 동안 구워 완성한다.

 오븐을 사용하지 않고 생선 그릴이나 프라이팬을 사용해도 좋다.

가지 속 파내기

1. 가지 속을 과도로 파낸다.

2. 속을 다져 소금에 절여 짜 놓는다.

3. 가지 파낸 곳에 밀가루를 바른다.

Diet Cooking

곤약 스테이크

초대요리

재료
곤약 1팩(240g)(다진 마늘 2쪽 분량, 소금 1작은술, 후추 약간) / 꽈리고추 10개 / 가쓰오부시 4큰술 / 실파 2줄기 / 레몬즙 1작은술 / 식용유, 소금 약간씩

곤약 조림장
간장 2큰술 / 맛술 2큰술 / 맛국물(다시물) 2큰술 / 설탕 1작은술

레시피

1. **곤약 삶기** 곤약은 칼집을 넣어 끓는 물에 30분 동안 삶아 곤약 특유의 냄새를 없앤 후, 다진 마늘, 소금, 후추를 뿌려 둔다.
2. **꽈리고추 데치기** 꽈리고추는 이쑤시개로 찔러 데쳐낸 후 식용유에 살짝 볶아 놓는다.
3. **실파 썰기** 실파는 깨끗이 다듬어 송송 썬다.
4. **곤약 조리기** 삶아 놓은 곤약에 간장, 맛술, 맛국물, 설탕을 넣고 조린다.
5. **레몬즙 뿌리기** 다 조려지면 4 위에 레몬즙을 뿌린다.
6. **완성하기** 완성 그릇에 담고 그 위에 꽈리고추를 얹은 다음 실파와 가쓰오부시를 얹어 낸다.

 곤약은 포만감을 주어 다이어트에 탁월한 식재료이다.

두부 스테이크

초대요리

| 재료
두부 1모
(소금, 후추 약간씩)
브로콜리 1/2개
양파 1/2개
통마늘 3쪽
물녹말
(녹말가루 1큰술, 물 1큰술)
올리브유 1큰술

| 소스
케첩 1큰술
굴 소스 1작은술
다진 마늘 1작은술
청주 1큰술
설탕 1/2큰술
우스터 소스 1/2큰술
간장 1/2큰술
참기름 1/2작은술
물 4큰술
후추 약간

브로콜리는 위장병에 탁월한 비타민 U가 들어 있어 항암작용을 하고, 비타민 C가 레몬의 2배이며, 빈혈을 예방하는 철분 함량이 채소 중 으뜸이다.

레시피

1. **두부 썰기** 두부는 도톰하게 썰어 소금, 후추로 간을 해 놓는다.
2. **브로콜리 데치기** 브로콜리는 한입 크기로 썰어 데쳐 놓는다.
3. **양파 볶기** 양파는 채 썰어 프라이팬에 볶아 놓는다.
4. **두부 지지기** 달궈진 프라이팬에 올리브유와 편으로 썬 마늘을 넣고 향을 낸 후 두부를 노릇하게 지져 낸다.
5. **소스 만들기** 소스 팬에 분량의 소스 재료를 넣어 끓으면 물녹말로 농도를 맞춘다.
6. **완성하기** 접시에 지져둔 두부를 담고 그 위에 소스를 뿌린 다음 브로콜리와 양파를 올려 낸다.

- 두부 스테이크는 고단백 저칼로리 요리로 기초대사량을 올리기 위해 먹는다.
- 두부에 곁들이는 채소는 브로콜리 외에도 양송이, 아스파라거스, 피망 등 어느 것이든 다 잘 어울린다.

산사 족발

초대요리

재료

족발 1.5kg / 산사 2개 / 팔각 4개 / 계피 7cm / 대파 2뿌리 / 마늘 5개 / 생강 2쪽 / 건고추 2개

산사는 고지혈 용해작용으로 지방 분해 효과가 탁월하다. 고기 삶을 때 넣으면 시간이 단축되고 부드럽다.

조림장

육수(족발 끓인 물) 2컵 / 간장 1/2컵 / 설탕 4큰술 / 맛술 4큰술

레시피

1. **족발 1차 삶기** 손질된 족발은 끓는 물에 넣고 10분 동안 삶아 씻어 놓는다.
2. **족발 2차 삶기** 산사, 팔각, 계피, 대파, 마늘, 생강, 건고추를 넣고 물이 끓으면 1의 족발을 넣어 1시간 30분 동안 삶는다.
3. **육수 만들기** 2의 국물은 면보에 걸러 기름을 제거한 후 육수로 사용한다.
4. **족발 졸이기** 냄비에 육수, 간장, 설탕, 맛술을 넣고 끓으면, 삶아진 족발을 넣어 색이 나도록 졸인다.
5. **접시에 담기** 족발이 식으면 적당한 크기로 썰어 접시에 담고 채소와 곁들여 먹는다.

 족발 손질 시 구입처에서 길이 7~10cm로 잘라 달라고 하면 요리할 때 양념도 잘 배이고 먹기에도 좋다.

여러 가지 향신료

끓는 물에 손질된 족발을 넣고 삶는다.

쑥개떡

초대요리

| 재료

쑥 300g / 방앗간 멥쌀가루 3컵 / 소금 1/2작은술 / 끓는 물 3~7큰술

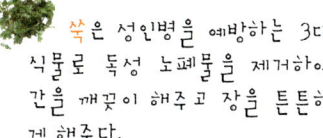

쑥은 성인병을 예방하는 3대 식물로 독성 노폐물을 제거하여 간을 깨끗이 해주고 장을 튼튼하게 해준다.

레시피

1. **쑥 삶기** 쑥은 깨끗이 손질하여 끓는 물에 삶아 놓는다.
2. **쑥 다지기** 삶아 놓은 쑥의 물기를 꼭 짜서 곱게 다져 놓는다.
3. **멥쌀가루 익반죽하기** 멥쌀가루에 소금과 다져 놓은 쑥을 넣고 끓는 물로 익반죽을 한다.(많이 치댈수록 떡이 쫄깃해진다.)
4. **찌기** 김이 오른 찜기에 면보를 깔고 20분 동안 찐다.
5. **접시에 담기** 쪄낸 떡은 물 4큰술, 소금 1/2작은술, 참기름 1큰술을 혼합한 물에 넣었다 식혀 놓는다.(잘 굳지도 않고 맛도 좋다.)

- 전량의 익반죽을 모두 다 찌는 것보다 냉동실에 남겨 두었다 먹을 때마다 수시로 쪄 먹는 것이 좋다.
- 쑥을 삶지 않고 쌀가루에 버무려 쪄도 좋다.
- 쑥개떡 : 아무렇게나 만든다는 표현으로 우리 선조들은 '개' 자를 써왔다.

쑥개떡 모양내기

1. 반죽을 많이 치댈수록 쫄깃하다.

2. 젓가락으로 나뭇잎 모양을 만든다.

3. 뜨거울 때 참기름, 소금물에 넣었다 식히면 굳지 않고 쫄깃하다.

Diet Cooking

편육 과일 냉채

초대요리

| 재료

사태 300g / 배, 사과 1/2개씩 / 무 100g / 미나리 50g / 파프리카 1개 / 통깨 약간

| 소스

식초 4큰술 / 설탕 1.5큰술 / 간장 1작은술 / 소금 1/2큰술 / 물 1큰술

| 고기 삶기

양파 1/4개 / 대파 1대 / 마늘 5쪽 / 생강 1쪽 / 된장 1작은술

레시피

1. **사태 삶기** 사태는 흐르는 물에 30분 담가 핏물을 빼 놓고, 양파, 대파, 마늘, 생강, 된장을 넣어 물이 끓으면 고기를 넣고 1시간 동안 푹 삶는다.
2. **편육 썰기** 1의 고기가 식으면 결 반대 방향으로 얇게 저며 썬다.
3. **무, 미나리 썰기** 무는 채 썰고, 미나리는 4cm 길이로 썬다.
4. **배, 사과 썰기** 배는 껍질 벗겨 채 썰고, 사과는 깨끗이 씻어 껍질째 채 썬다.
5. **파프리카 썰기** 파프리카는 사과와 배의 길이에 맞추어 채 썬다.
6. **접시에 담기** 편육과 과일을 보기 좋게 접시에 담고 먹기 직전에 소스를 끼얹어 낸다.

- 무가 매울 때에는 설탕·식초물에 10분 동안 담갔다 사용해도 좋다.
- 고기 요리 시 과일과 같이 먹으면 소화를 도와주므로 다른 과일을 곁들여도 좋다.
- 고기를 먹더라도 삶거나 찌게 되면 칼로리가 적어지므로 조리 방법을 잘 선택해서 요리한다.

주꾸미 떡찜

초대요리

┃재료

주꾸미 300g / 콩나물 300g / 떡볶이 떡 150g / 미나리 50g / 청양고추 1개 / 붉은 고추 1개 / 대파 1뿌리 / 실파 2뿌리 / 참기름 1작은술 / 통깨 1/2큰술 / 맛국물(다시마물) 2/3컵 / 물녹말 2~3큰술(녹말가루 2큰술, 물 2큰술)

고추의 매운 성분인 캡사이신은 발산 효과를 가져와 스트레스 해소 및 노폐물의 빠른 배설을 돕고, 비만을 방지하는 효과가 있는데, 이는 격렬한 운동을 했을 때와 마찬가지로 열량 소비가 높아지기 때문이다.

┃양념장

고춧가루 3큰술 / 간장 1작은술 / 설탕 1작은술 / 다진 마늘 1큰술 / 다진 생강 1작은술 / 가쓰오부시 가루 1작은술 / 청주 1큰술 / 후추, 소금 약간

레시피

1. **육수 만들기** 다시마는 찬물에 넣고 끓으면 건져내어 다시마 맛국물을 만든다.
2. **주꾸미 손질하기** 주꾸미는 내장을 제거하고 밀가루로 주물러 2회 헹구어 놓는다.
3. **콩나물 손질하기** 콩나물은 깨끗이 씻어 거두절미하여 놓는다.
4. **대파, 붉은 고추, 청양고추, 미나리 썰기** 대파, 붉은 고추, 청양고추는 어슷썰고, 미나리는 적당한 길이로 썬다.
5. **주꾸미 익히기** 냄비에 콩나물과 다시마 맛국물, 양념장 1/2을 넣고 살짝 익힌 후(뚜껑을 꼭 덮어줌) 주꾸미, 떡, 나머지 양념을 넣어 저어 준다.
6. **미나리, 고추, 대파 넣기** 5에 미나리, 붉은 고추, 청양고추, 대파를 넣고 소금으로 간한다.
7. **완성하기** 마지막에 물녹말로 농도를 맞추고 송송 썬 실파와 참기름, 통깨를 뿌려 낸다.

- 주꾸미뿐만 아니라 주재료를 아귀로 하면 아귀찜이 되고, 꽃게나 다른 해산물을 넣으면 해물찜이 된다.
- 주꾸미나 낙지가 신선할 경우 소금으로 씻으면 소금을 빨아들여 짠맛 때문에 먹을 수 없으므로 밀가루로 손질한다.

홍합 와인 볶음

초대요리

홍합은 열량이 낮고 영양 공급원으로 적당하기 때문에 다이어트 중 부족한 철분을 보충하는 데 좋다.

| 재료

홍합 500g / 토마토 1개 / 화이트와인 4큰술 / 바질 약간 / 소금, 후추 약간씩

| 양념

고추기름 2큰술 / 양파 1/4개 / 통마늘 2쪽 / 붉은 고추 1개

레시피

1 **양파, 통마늘 손질하기** 양파는 깨끗이 손질하여 다지고, 마늘은 편으로 썬다.
2 **고추 썰기** 붉은 고추는 씨를 빼고 어슷썬다.
3 **토마토 다지기** 토마토는 껍질 벗겨 다져 놓는다.
4 **고추기름으로 향내기** 팬에 고추기름을 두르고 양파, 마늘, 붉은 고추를 넣고 향을 낸다.
5 **볶음 완성하기** 4에 홍합과 다진 토마토, 바질을 넣고 볶다가 화이트와인을 넣은 다음 뚜껑을 덮어 홍합이 벌어질 때까지 익혀 완성하고 소금, 후추로 간한다.

충분히 볶아 향을 내준다.

와인을 넣어 해산물 특유의 비린맛을 제거한다.

- 바지락이나 피조개로 주재료를 달리해도 좋다.
- 고추기름 만드는 법 – 79쪽 참조

화풍 스테이크

초대요리

| 재료

쇠고기(스테이크용) 300g(소금, 후추 약간씩) / 무 100g / 실파 2줄기 /
대파 1/2줄기 / 식용유 1/2큰술 / 곁들임 채소 약간

| 폰즈 소스

간장 2큰술 / 설탕 1/2큰술 / 맛술 1큰술 / 레몬즙 약간 /
물 4큰술 / 가쓰오부시 3큰술

폰즈 소스란?
가쓰오부시를 이용한 일본식 소스로, 샤브샤브 등의 고기 건더기를 찍어 먹거나 생선회, 튀김을 찍어 먹는 소스, 꼬치구이용 소스 등으로 두루두루 사용 가능하다.

레시피

1. **고기 연하게 만들기** 스테이크용 고기는 연육용 망치를 이용하여 두들겨 부드럽게 한 후 소금, 후추를 뿌려 둔다.(칼 끝으로 톡톡 두드려도 된다.)
2. **무 준비하기** 무는 강판에 갈아 체에 걸러 건더기만 준비한다.
3. **실파 썰기** 실파는 깨끗이 손질하여 송송 썰어 놓는다.
4. **대파 썰기** 대파는 5cm 길이로 채 썬 다음 찬물에 헹궈 매운맛을 빼 놓는다.
5. **폰즈 소스 만들기** 소스 팬에 간장, 설탕, 맛술, 물을 넣고 끓으면 가쓰오부시, 레몬즙을 넣고 체에 걸러 폰즈 소스를 만든다.
6. **고기 익히기** 달궈진 팬에 식용유를 두르고 1의 준비된 고기를 익혀 준다.
7. **접시에 담기** 6을 접시에 담고 그 위에 채소, 무, 실파, 대파채를 올린다. 먹기 직전에 폰즈 소스를 끼얹어 낸다.

 삼겹살을 참기름 장에 찍어 먹듯 동물성 식품 섭취 시 식물성을 같이 먹으면 동맥경화나 고지혈 용해작용에 도움이 된다.

닭고기말이 찜

초대요리

재료

닭가슴살 2쪽(화이트와인 1큰술, 소금·후추 약간씩) / 당근 30g / 파프리카 1/2개 / 마 50g / 부추 20g / 녹말가루 약간

닭가슴살은 다른 부위에 비해 칼로리가 1/2밖에 안되고 특히 다른 고기보다 고단백 저칼로리이다.

데리야끼 소스

간장 3큰술 / 다시마물 3큰술 / 올리고당 2큰술 / 맛술 3큰술 / 통마늘 2쪽 / 통생강 1쪽 / 대파 1뿌리

레시피

1. **닭고기 재우기** 닭고기는 얇게 저며 편 후 화이트와인, 소금, 후추에 재워 녹말가루를 뿌려 놓는다.(와인이 없을 경우 청주를 사용한다.)
2. **당근, 파프리카, 마, 부추 썰기** 당근, 파프리카, 마는 깨끗이 손질하여 채 썰고, 부추는 길이로 썬다.
3. **닭고기 말기** 1의 닭고기에 당근, 파프리카, 마, 부추를 넣고 돌돌 말아 둔다.
4. **찜기에 찌기** 김이 오른 찜기에 3을 올려 20분 동안 찐다.
5. **데리야끼 소스 만들기** 소스 팬에 분량의 재료를 넣고 졸여 체에 거른다.
6. **접시에 담기** 접시에 4의 닭고기말이 찜을 담고 데리야끼 소스를 곁들여 낸다.

닭고기 말기

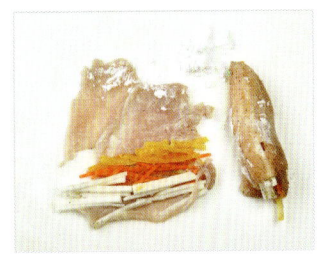
닭고기에 갖가지 채소를 올린다.

닭고기를 돌돌 말아준다.

 데리야끼 소스 대신 카레 소스를 뿌려도 좋다.

카레 소스 만드는 법
카레가루 2큰술, 다진 양파 1큰술, 물 1/2컵, 포도씨유 1작은술
소스 냄비에 포도씨유를 넣고 다진 양파를 볶다가 물에 풀어 놓은 카레가루를 섞어 끓여 낸다.

개성 만두

초대요리

| 재료 |
다진 쇠고기 150g
숙주 200g
두부 100g
통배추 200g
부추 40g
양파 100g
만두피 1.5팩

| 양념 |
다진 마늘 1큰술
생강즙 1/2작은술
참기름 1.5큰술
깨소금 1/2큰술
설탕 1작은술
소금, 후추 약간씩

부추는 나트륨의 균형을 조절하므로 조리 시 식재료 선택이 중요하다.(짠맛 조절)

레시피

1. **두부 으깨기** 두부는 곱게 으깨어 다진 쇠고기와 함께 물기를 꼭 짜 둔다.
2. **통배추, 숙주, 양파 손질하기** 통배추, 숙주는 깨끗이 손질하여 데쳐 다지고, 양파는 다진 후 소금 뿌려 물기를 꼭 짠다.
3. **부추 썰기** 부추는 깨끗이 손질하여 송송 썬다.
4. **만두소 만들기** 볼에 1, 2, 3을 담고 분량의 양념 재료를 넣어 잘 섞어 만두소를 만든다.
5. **만두 찌기** 만두피에 만두소를 넣고 모양 내어 빚어 찜통에 찐 후 접시에 예쁘게 담는다.

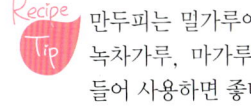

만두피는 밀가루에 뽕잎가루, 녹차가루, 마가루를 섞어 만들어 사용하면 좋다.
만두피 반죽 시 익반죽을 하면 더 쫄깃하고 잘 터지지 않는다.
시판용 만두보다는 배추, 숙주, 무말랭이를 넣고 만두를 직접 만들어 쪄서 냉동 보관해 두고 먹는 것이 더 좋다.

1

2

녹차 칠절판

초대요리

재료
산마 70g / 당근 70g / 오이 1/2개 / 숙주 70g / 목이버섯 30g / 건표고버섯 50g / 식용유 · 소금 · 참기름 적당량

목이, 표고버섯 양념
간장 · 설탕 · 참기름 각 1/2큰술씩

밀전병 반죽
녹차잎 우린 물 1컵(또는 녹차가루 1/2큰술, 물 1컵) / 우리 밀 3/4컵 / 소금 1/2작은술

소스
겨자장 : 겨자 갠 것 1/2큰술 / 설탕 2큰술 / 식초 2큰술 / 소금 1작은술 / 물 1큰술 / 간장 1/2작은술
초간장 : 간장 1큰술 / 물 1큰술 / 식초 1작은술 / 다진 잣 1/2작은술

레시피

1. **밀전병 부치기** 녹차를 진하게 우린 물에 밀가루와 소금을 넣고 잘 저은 후 체에 걸러 약한 불에서 밀전병을 부친다.
2. **겨자장 만들기** 미지근한 물에 겨자를 풀어 발효시킨 후 설탕, 소금을 넣어 치댄 다음 나머지 재료를 넣는다.
3. **초간장 만들기** 초간장은 분량의 재료를 넣고 섞는다.
4. **산마, 당근, 오이, 숙주 준비하기** 산마는 손질하여 채 썰고, 당근과 오이는 채 썰어 소금을 넣고 볶아 낸다. 숙주는 거두절미하여 끓는 물에 데친 다음 찬물에 재빨리 헹구어 소금, 참기름으로 무친다.
5. **버섯 볶기** 목이버섯은 불린 다음 손으로 찢고, 표고버섯은 불려 채 썰어 간장, 설탕, 참기름으로 무쳐 볶아 낸다.
6. **접시에 담기** 6가지 재료(산마, 당근, 오이, 숙주, 목이, 표고)를 접시에 돌려 담고 녹차 밀전병을 가운데 놓는다. 겨자장이나 초간장을 기호에 맞게 곁들여 낸다.

▸ 목이버섯은 손으로 찢어 사용한다.

▸ 녹차 밀전병을 만든다. 뒤집지 않고 익힌다.

- 산마의 끈적임이 싫다면 끓는 물에 살짝 데쳐 사용한다.
- 시판용 무초절임을 사서 이용해도 무의 발산효과가 있어 좋다.

월남쌈

초대요리

재료
라이스페이퍼 200g
샤브용 고기 150g
오이 1개
양파 1/2개
당근 1/3개
양상추 1/4개
사과 1/2개
숙주 100g
토마토 1개
적채 50g

소스
멸치액젓(휘시소스) 2큰술
설탕 3큰술
식초 2큰술
다진 마늘 1작은술
레몬 1/2개
청양고추(월남고추) 5개
파인애플 1쪽
파인애플즙 4큰술

*월남쌈*은 채소를 많이 먹을 수 있고 영양을 충분히 보충하는 웰빙 추천 요리이다.

레시피

1. **쇠고기 데치기** 쇠고기는 샤브용 고기를 준비하여 끓는 물에 데쳐 낸다.
2. **채소 채 썰기** 오이, 양파, 당근, 양상추, 사과, 적채는 곱게 채 썬다.
3. **숙주 손질하기** 숙주는 거두절미하고 깨끗이 씻어 놓는다.
4. **토마토 썰기** 토마토는 깨끗이 씻어 반달 모양으로 썬다.
5. **소스 만들기** 청양고추는 송송 썰고, 파인애플은 다지고, 레몬은 즙을 짜서 나머지 재료를 섞어 소스를 만든다.
6. **접시에 담기** 준비한 채소는 접시에 돌려 담고 소스를 곁들여 낸다.
7. **라이스페이퍼에 싸먹기** 라이스페이퍼를 한 장씩 따뜻한 물에 적셔낸 다음, 데친 고기, 채소, 소스를 넣어 싸 먹는다.

- 시판용 월남쌈 소스를 구입해 사용해도 된다.
- 도시락 이용 시 월남쌈을 한 개씩 랩에 싸 놓으면 보기에도 예쁘고 먹기에도 편리하다.

양송이 두부찜

양송이는 열량이 적고 포만감이 탁월하여 다이어트에 좋다.

✻ 레시피

1. **양송이 밀가루 바르기** 양송이는 깨끗이 씻어 꼭지를 따고 안쪽에 밀가루를 바른다.
2. **양송이 꼭지 다지기** 꼭지는 다져 소금에 절인 후 물기를 빼 놓는다.
3. **두부 으깨기** 두부는 물기를 뺀 후 으깨고 2의 재료와 참기름, 통깨, 다진 마늘을 넣고 소금 간하여 섞어 준다.
4. **두부찜 찜통에 찌기** 1의 양송이에 3의 재료를 채워, 김이 오른 찜기에 10분 동안 찐다.
5. **접시에 담기** 양송이 두부찜을 접시에 모양 내어 담아 초간장과 함께 곁들여 낸다.

 양송이 두부찜은 시간 날 때 준비해 두었다가 냉동 보관하여 그때그때 쪄서 먹는다.

⟨ 재료

양송이 10개
두부 1/3모
참기름 1/2작은술
통깨 1작은술
다진 마늘 1작은술
소금 약간
밀가루 2큰술

⟨ 초간장

간장 1큰술
식초 1/2큰술
설탕 1/3작은술

김치묵보쌈

김치를 짜지 않도록 하는 것이 가장 중요하다. 짠맛 때문에 물을 다량 섭취하면 오히려 다이어트에 해가 된다.

레시피

1. **배추김치 짜 놓기** 배추김치는 속을 털어 내고 살짝 짜 놓는다.(씻어 사용해도 좋음)
2. **묵, 배 채 썰기** 묵과 배는 굵게 채 썰어 놓는다.
3. **양념 만들기** 분량의 재료를 넣어 양념을 만든다.
4. **배추김치에 속 재료 넣고 돌돌 말기** 배추김치 잎을 넓게 펼친 후 깻잎을 올리고 그 위에 배, 묵, 양념 1큰술, 통깨를 넣고 돌돌 만다.
5. **접시에 담기** 4의 배추말이는 한입 크기(김밥 모양)로 썰어 접시에 담고 통깨를 뿌려 낸다.

- 약간 덜 익은 김치를 이용하면 깻잎의 향긋함과 배의 시원함이 요리의 맛을 한층 더 상큼하게 해 준다.
- 말지 않고 배추김치를 송송 썰어 그냥 버무려 먹어도 맛있다.

재료

묵 1모
배추김치 1/4포기
배 1/4개
깻잎 12장
통깨 1큰술

양념

고춧가루 1큰술
참기름 1큰술
간장 1큰술
들기름 1큰술
설탕 1작은술
소금, 후추 약간씩

배·부·른·다·이·어·트
밥 요리

Part 4

곤드레밥

밥요리

재료	양념장
곤드레 삶은 것 200~250g	간장 2큰술
불린 쌀 1.5컵	물 1큰술
다시마물 1.5컵	풋고추 1개
건표고버섯 3장	청양고추 1/2개
청장 1작은술	다진 양파 1큰술
들기름 1큰술	깨소금 1작은술

곤드레는 다량의 영양소를 지니고 있으며 이뇨작용과 해독작용이 뛰어나 다이어트에 효과적이다.

레시피

1. **곤드레 손질하기** 곤드레는 끓는 물에 소금을 넣고 삶은 다음 찬물에 헹구어 건져 물기를 짜내고 3cm로 썬다.
2. **표고버섯 채 썰기** 표고버섯은 물에 불려 채 썰어 놓는다.
3. **다시마 끓이기** 찬물에 다시마를 넣고 끓으면 건져 내어 밥물로 사용한다.
4. **곤드레 밥 짓기** 냄비에 들기름과 삶아둔 곤드레 나물을 넣어 볶다가 쌀, 청장, 다시마물을 넣고 밥을 짓는다.
5. **뜸 들이기** 밥이 끓으면 불을 약하게 하고 15분 정도 뜸을 들인다.
6. **양념장 만들기** 풋고추와 청양고추를 다져서 나머지 분량의 재료에 섞어 양념장을 만든다.
7. **그릇에 담기** 곤드레밥을 그릇에 담고 양념장을 곁들여 낸다.

- 곤드레를 좀 더 부드럽게 하고 싶으면 곤드레를 들기름에 볶다가 물 3~4큰술을 넣고 볶기를 2~3회 한 후 쌀을 넣고 밥을 짓는다.
- 곤드레 밥을 기름 바르지 않은 김에 싸 먹어도 좋다.
- 뜨거운 밥은 뚜껑 덮어 놓았다 식으면 냉동 보관하여 필요할 때 전자레인지에 데워 먹으면 새로 한 밥처럼 맛있다.

근대밥

밥요리

| 재료
불린 쌀 1.5컵
근대 100g
청주 1큰술
식용유 1큰술
소금 1/2작은술
육수(쇠고기 또는 멸치) 1.5컵

| 양념장
부추 20g
풋고추 1개
고춧가루 1큰술
간장 2큰술
깨소금 1작은술
다진 마늘 1/2작은술
참기름 1작은술
후추 약간

레시피

1. **근대 썰기** 근대는 줄기의 껍질을 벗겨 1cm 길이로 일정하게 썰어 놓는다.
2. **불린 쌀 체에 건지기** 30분 불린 쌀은 체에 건져 놓는다.
3. **밥 짓기** 솥이나 냄비에 식용유를 두르고 근대를 넣어 볶다가 소금으로 간 하고 청주를 넣은 다음 쌀과 육수를 넣고 팔팔 끓으면 불을 줄여 12분 정도 뜸을 들인다.
4. **양념장 만들기** 부추는 곱게 썰고, 풋고추는 다져 분량의 양념 재료와 섞어 양념장을 만든다.
5. **그릇에 담기** 근대밥을 그릇에 담고 양념장을 곁들여 낸다.

- 근대밥은 여름 별미밥이며 섬유질이 많고 비타민이 많이 들어 있다.
- 밥물에 된장 반 큰술을 체에 걸러 넣고 밥을 지으면 고향의 맛(구수한 맛)을 느낄 수 있다.

무청 시래기밥

밥요리

| 재료
무청 시래기 30g
(불린 것 200g)
불린 쌀 1.5컵
청장 1/2큰술
들기름 2큰술
맛국물 1.5컵

| 맛국물
다시마 1조각
국물용 멸치 5마리
대파 1뿌리
물 2.5컵

| 양념장
간장 2큰술
멸치·다시마물 1큰술
들기름 1큰술
들깨가루 1큰술
고춧가루 1/2큰술
다진 마늘 1작은술
통깨 1큰술

레시피

1 **무청 불리기** 마른 무청 시래기는 8시간 동안 불린 후 1시간 정도 푹 삶아 찬물에 헹궈 하루 동안 불렸다 적당한 크기로 썬다.

2 **맛국물 만들기** 냄비에 머리와 내장을 뗀 멸치를 넣고 볶다가 물과 다시마, 대파를 넣고 끓으면 다시마는 건지고 2분 후 불을 끄고 걸러 맛국물로 사용한다.

3 **시래기 볶기** 냄비에 들기름과 손질한 시래기를 넣어 볶다가 맛국물을 조금씩 부어가며 볶기를 2~3회 반복하여 부드럽게 한다.

4 **밥 짓기** 3에 청장과 쌀을 넣어 볶다가 맛국물을 부어 밥을 짓는다.

5 **양념장 만들기** 분량의 재료를 섞어 양념장을 만든다.

6 **그릇에 담기** 무청 시래기밥을 그릇에 담고 양념장을 곁들여 낸다.

1-1

1-2

3

오곡 주먹밥

밥요리

┤재료

밥재료
찹쌀 6큰술
현미 4큰술
붉은 팥 3큰술
율무 3큰술
흑미 2큰술
첨가재료
우엉조림 100g
오이 1/2개

┤우엉조림

채 썬 우엉 200g
다시마물 1/2컵
간장 3큰술
설탕 3큰술
청주 3큰술

┤배합초

식초 3큰술
설탕 2큰술
소금 1/2큰술
청주 1큰술

오이는 100g당 19kcal이므로 배고플 때 간단히 먹을 수 있고, 오이에 있는 칼륨이 노폐물을 제거해 준다.

레시피

1 **찹쌀, 현미, 율무, 흑미 불리기** 찹쌀, 현미, 율무, 흑미는 깨끗이 씻어 불려 놓는다.
2 **팥 삶기** 냄비에 물과 붉은 팥을 넣고 끓으면 첫물은 따라 버리고 다시 물을 부어 팥이 무르도록 삶아 놓는다.
3 **밥 짓기** 불려 놓은 1과 2의 재료를 섞어 동량의 물로 밥을 짓는다.
4 **배합초 만들기** 냄비에 배합초 재료를 넣고 녹을 때까지 살짝 데워 준다.
5 **초밥 만들기** 준비된 뜨거운 밥에 배합초를 넣어 초밥을 만든다.
6 **우엉 조리기** 채 썬 우엉을 찬물에 우려낸 후 나머지 재료들을 넣고 조린다.
7 **우엉, 오이 다지기** 조린 우엉은 다지고, 오이는 돌려깎기하여 껍질 부분만 다져 놓는다.
8 **주먹밥 만들기** 초밥에 우엉과 오이를 넣고 살살 버무린 다음 가볍게 쥐어 주먹밥을 만든다.

- 삶은 팥, 우엉조림은 미리 넉넉하게 만들어 냉동실에 두고 사용하면 편리하다.
- 외식으로 인해 다이어트를 중도에 포기하는 경우가 많으므로 외출 시 도시락으로 이용하면 좋다.

도토리묵밥

밥요리

┃재료
도토리묵 1/2모
김치 썬 것 1/3컵
실파 2뿌리
참기름 1/2작은술
깨소금 1/2작은술
밥 1/2공기

┃맛국물
국물(멸치·다시마물) 2.5컵
김치 국물 1/2컵
설탕 1큰술
식초 1큰술
소금 약간
후추 약간

도토리묵에는 탄닌 성분이 들어 있어 체내에 콜레스테롤과 지방이 흡수되는 것을 줄여 준다. 또한 중금속을 해독하고 항암작용을 한다.

레시피

1 **도토리묵 채 썰기** 도토리묵은 나무젓가락 굵기 정도로 채를 썬다.
2 **김치 버무리기** 김치는 송송 잘게 썰어 국물을 꼭 짜 내고 참기름, 깨소금, 후추를 넣고 버무린다.
3 **실파 썰기** 실파는 깨끗이 손질하여 송송 썬다.
4 **맛국물 준비하기** 멸치, 다시마 국물을 비린 맛이 없도록 차게 식혀 김치 국물과 함께 섞어서 설탕과 식초, 소금으로 간을 맞춘다.
5 **완성하기** 그릇에 도토리묵과 김치를 올린 후 4의 시원하게 해 둔 국물을 붓고 실파를 얹어 낸다.
6 **밥 곁들이기** 5와 함께 밥을 곁들여 낸다.

- 밥 대신 쌀국수를 삶아 곁들여 내면 칼로리가 낮아져 다이어트에 좋다.
- 신 김치를 이용할 경우 식초량과 설탕량을 가감한다.

백일송이 버섯덮밥

밥요리

재료

백일송이 100g / 양파 1/4개 / 청경채 2개 / 소라 2개 / 새우(중하) 6마리 /
대파 1/2뿌리 / 마늘 1쪽 / 생강 1/3쪽 / 물녹말(녹말가루 2큰술, 물 2큰술) /
식용유 1큰술 / 굴소스 1작은술 / 끓는 물 1.5컵 / 간장 1/2큰술 /
청주 1큰술 / 소금, 후추, 참기름 약간씩

레시피

1. **백일송이, 양파 손질하기** 백일송이 버섯은 손질하여 놓고, 양파는 사방 2cm 크기로 썬다.
2. **청경채 썰기** 청경채도 양파와 같은 크기로 썬다.
3. **대파, 마늘, 생강 다지기** 대파, 마늘, 생강은 곱게 다져 놓는다.
4. **소라, 새우 손질하기** 소라는 얇게 썰어 놓고, 새우는 내장을 제거하고 껍질 벗겨 데친다.
5. **채소 볶기** 팬에 식용유를 두르고 대파, 마늘, 생강을 넣어 향을 낸 다음 백일송이 버섯, 양파, 청경채를 넣어 볶다가 간장, 청주를 넣는다.
6. **소라, 새우 볶기** 5에 끓는 물을 붓고 소라, 새우를 넣은 다음 굴소스를 넣는다.
7. **완성하기** 물녹말로 농도를 맞춘 후 소금, 후추로 간하고 참기름을 한 방울 떨어뜨린다.
8. **밥 위에 올리기** 먹기 직전 밥 위에 끼얹어 먹는다.

- 버섯과 해산물은 그 어떤 것을 사용해도 좋고, 끓는 물은 재료가 잠길 정도로 가감한다.
- 물녹말은 무조건 넣는 것이 아니라 불 조절에 따라 농도를 가감해야 한다.

Diet Cooking

버섯 돈부리

밥요리

재료

잡곡밥 2공기 / 새송이버섯 2개 / 표고버섯 3개 /
양파 1/2개 / 쇠고기 100g / 실파 3뿌리 / 쑥갓 약간 /
달걀 2개 / 김 1장 / 맛국물 1.5컵(다시마 1조각,
가쓰오부시 3큰술) / 간장 1.5큰술 / 맛술 1큰술 /
설탕 1작은술 / 소금, 후추 약간씩

새송이버섯은 자연산 송이버섯의 대용품으로, 쫄깃하고 비타민 C가 풍부한 웰빙 식품이다. 칼로리가 매우 낮고 섬유소와 수분이 풍부해서 포만감을 주어 다이어트에 적합하다.

레시피

1. **맛국물 내기** 찬물에 다시마를 넣고 끓으면 가쓰오부시를 넣고 불을 끈 다음 체에 걸러 맛국물을 준비해 놓는다.
2. **버섯, 양파, 실파, 쑥갓 손질하기** 새송이버섯은 1/2등분한 후 얇게 썰어 찢어 놓고, 표고버섯과 양파는 채 썰고, 실파와 쑥갓은 길이로 썬다.
3. **쇠고기 썰기** 쇠고기는 얇게 썰거나 불고기 감을 준비한다.
4. **재료 익히기** 1의 맛국물에 간장, 맛술, 설탕을 넣은 후 끓으면 새송이버섯, 표고버섯, 양파, 실파, 쇠고기를 넣어 익힌 다음 달걀을 풀어 끼얹고 소금, 후추로 간한다.
5. **완성하기** 그릇에 밥을 담고 그 위에 4를 얹은 후 쑥갓과 살짝 구워 채 썬 김을 올려 낸다.

 돈부리란 밥 그릇보다 약간 큰 그릇을 가리키는 말에서 유래된 덮밥을 말한다.

찹쌀 연잎밥

밥요리

| 재료

신선한 연잎 5장
찹쌀 2컵
연자육 1/2컵
소금 약간

연잎, 연자육은 진액을 생성하여 더위를 식혀 주고 체지방을 내려 체중을 줄여주고 우울증에 좋다.

연꽃씨 연자육
안의 심 제거 후 사용

레시피

1. **연잎 썰기** 연잎은 줄기 부분을 떼어 내고 4등분하여 잘라 놓는다.
2. **찹쌀, 연자육 불리기** 찹쌀과 연자육은 5시간 동안 불려 놓는다.
3. **찹쌀, 연자육 찌기** 불린 찹쌀과 연자육을 고루 섞어 김이 오른 찜기에 올리고 소금물을 조금씩 뿌려가며 찐다.(압력을 이용하면 편리하다.)
4. **연잎에 싸서 찌기** 찰밥이 고슬고슬 잘 쪄지면 준비한 연잎에 1인분씩 넣고 싸서 다시 한 번 더 찐다.

- 찹쌀 연잎밥을 여유로운 날 다량 준비하여 냉동실에 넣어 두었다가 하나씩 꺼내 전자레인지에 데워 먹으면 좋다.
- 압력 밥솥에 할 경우 불린 찹쌀 양의 70~80%의 물과 약간의 소금을 넣어 밥을 짓는다.

해초 비빔밥

 밥요리

재료	초고추장
손질한 해초류 150g	고추장 2큰술
다시마밥 1.5공기	설탕 1/2큰술
양상추 2잎	식초 1큰술
무순 1팩	레몬즙 1/2큰술
풋고추 1개	물엿 1큰술
붉은 고추 1개	깨소금 1큰술
날치알 4큰술	다진 마늘 1작은술
(물 6큰술+청주 1큰술)	생강즙 1/2작은술

♥♡ 다이어트를 위해서는 밥의 양은 줄이고 채소나 해초류의 양을 늘려 칼로리는 낮추고 포만감을 주어 탄수화물을 적게 섭취하도록 한다.

레시피

1. **해초류 손질하기** 해초류(톳, 다시마, 꼬시래기, 우뭇가사리 등)를 손질해서 준비한다.
2. **다시마밥 짓기** 다시마는 젖은 행주로 먼지만 털어 내고 물을 부어 끓으면 다시마는 건져 내고 씻어둔 쌀을 넣어 밥을 짓는다.
3. **양상추, 무순 손질하기** 양상추는 곱게 채 썰고, 무순은 깨끗이 씻어 찬물에 담갔다 건진다.
4. **고추 썰기** 풋고추, 붉은 고추는 반 갈라 씨를 빼 내고 채 썬다.
5. **날치알 손질하기** 날치알에 분량의 물과 청주를 붓고 헹구어 비린내를 없앤 다음 체에 걸러 물기를 뺀다.
6. **완성하기** 다시마밥 위에 채소와 해초류를 돌려 담고 날치알을 얹은 후 초고추장을 곁들여 낸다.

 초고추장은 넉넉히 준비하여 놓고, 집에 있는 채소를 활용하여 냉동참치를 넣거나, 데친 오징어를 넣기도 하고 참치캔의 기름기를 뺀 후 조금 덜어 회덮밥으로 먹어도 좋다.

수삼 무침과 신선초 쌈밥

밥요리

| 재료

수삼(미삼) 150g
신선초 150g
보리밥 1.5공기
실파 2뿌리
소금 약간

| 수삼 양념

고추장 1.5큰술
매실청 1큰술
식초 2큰술
다진 마늘 1작은술
통깨 1/2큰술
참기름 1/2작은술

수삼은 혈액순환을 원활하게 해주고 다이어트로 인해 떨어진 체력을 보강하는 역할을 한다. 그러나 열을 갖고 있으므로 열이 많은 사람은 피하는 것이 좋다.

레시피

1. **수삼 손질하기** 수삼(미삼)은 깨끗이 씻은 다음 먹기 좋은 크기로 채 썰고 옅은 소금물에 담갔다가 찬물에 헹궈 둔다.
2. **실파 썰기** 실파는 깨끗이 손질하여 송송 썰어 둔다.
3. **양념 준비하기** 분량의 재료를 섞어 수삼(미삼) 양념을 준비한다.
4. **신선초 쌈밥 만들기** 신선초는 깨끗이 씻어 물기를 제거하고 보리밥을 넣고 말아 쌈밥을 만든다.
5. **수삼 무치기** 먹기 직전 수삼(미삼)에 실파와 양념을 넣어 버무린다.
6. **접시에 담기** 완성 그릇에 신선초 쌈밥과 수삼 무침을 모양 있게 담아 낸다.

- 수삼이나 미삼과 함께 묘삼이나 종삼도 좋다.
- 보리는 비타민 B군이 풍부해 피로를 풀어 주고 체력을 보강해 준다.

양배추 다시마 쌈밥

밥요리

| 재료
보리밥 1.5공기
양배추 100g
쌈다시마 100g
오이 1/3개
참기름 1작은술
통깨 1작은술
소금 1/3작은술

| 쌈장
된장 3큰술
고추장 1큰술
다진 마늘 1작은술
물엿 1/2큰술
풋고추 1개
참기름 1작은술
통깨 1큰술
아몬드 2큰술

양배추는 칼슘이 많이 함유되어 뼈를 튼튼하게 하고 비타민 K가 풍부해 골다공증을 예방한다.

레시피

1. **보리밥 짓기** 보리밥(쌀과 보리 혼식)은 고슬고슬하게 지어 소금, 참기름, 통깨를 고루 섞어 둔다.
2. **오이 썰기** 오이는 0.5cm 크기로 썰어 밥이 식으면 섞어 뭉쳐 놓는다.
3. **양배추 찌기** 양배추는 겹겹이 떼내어 씻은 다음 줄기 부분은 포 뜨듯 저며 내고, 김 오른 찜기에 살짝 쪄 낸다.
4. **다시마 짠맛 빼기** 쌈다시마는 소금기를 씻어 내고 찬물에 담가 짠맛을 충분히 우려 낸다.
5. **양배추, 다시마 말기** 밥을 뭉친 후 그 위에 쌈장을 얹어 양배추 또는 다시마로 예쁘게 말아 준다.

양배추 손질해서 찌기

쌈장에 아몬드를 곱게 빻아 넣는다.

양배추는 떼내어 줄기 부분은 포 뜨듯 져민다.

김 오른 찜기에 살짝 쪄 낸다.

무 콩나물밥

무는 천연소화제라 불리고, 배변 작용을 원활히 해서 변비를 해소 시켜 준다.

레시피

1. **무 채 썰기** 무는 손질하여 채 썰어 놓는다.
2. **콩나물 다듬기** 콩나물은 깨끗이 다듬어 씻어 놓는다.
3. **밥 짓기** 냄비에 불린 쌀, 채 썬 무, 콩나물을 넣고 물을 부어 강한 불에서 밥을 짓는다.
4. **뜸 들이기** 김이 나면 약한 불로 줄여 12분 정도 뜸을 들인다.
5. **양념장 만들기** 송송 썬 부추와 분량의 재료를 섞어 양념장을 만든다.
6. **그릇에 담기** 무 콩나물밥을 그릇에 담고 양념장을 곁들여 낸다.

Recipe Tip 무와 콩나물에서 수분이 많이 나오므로 물량 조절에 신경써야 한다.

재료

불린 쌀 1.5컵
콩나물 200g
무 100g
물 1.3컵

양념장

부추(고추) 20g
간장 2큰술
설탕 1/5작은술
고춧가루 1작은술
물 1큰술
참기름 1/2큰술
통깨 1큰술

옥수수 율무밥

옥수수 수염은 소변을 잘 나오게 하고 열을 내려 다이어트에 많이 쓰이는 재료 중 하나이다.

레시피

1. **밥물 준비하기** 옥수수 수염(차 티백)에 물을 넣고 끓여 밥물로 준비한다.
2. **쌀, 율무 불려 놓기** 쌀과 율무는 깨끗이 씻어 불려 놓는다.
3. **옥수수 낱알 떼 놓기** 옥수수는 낱알을 떼 놓는다.
4. **밥 짓기** 쌀과 율무, 옥수수를 넣고 옥수수 수염물을 부어 밥을 짓는다.

재료

옥수수 수염 3g
(또는 옥수수 수염차 티백 2개)
물 2컵
불린 쌀 1컵
율무 1/2컵
옥수수 1/2컵

Recipe Tip

- 건조한 옥수수보다 제철에 낱알을 떼어 냉동실에 두고 사용하면 편리하고 맛있다.
- 건조한 옥수수 알갱이는 깨끗이 씻어 삶아 사용한다.
- 별도의 양념장은 준비하지 않고 잡곡밥처럼 먹는다.

Index

가지 토마토 구이 • 89
간편 두부 수프 • 67
개성 만두 • 109
곤드레밥 • 119
곤약 스테이크 • 91
근대밥 • 121
김치 묵 보쌈 • 115
녹두죽 • 85
녹차 칠절판 • 111
단호박 오렌지 피칸 샐러드 • 23
닭가슴살 샐러드 • 29
닭고기말이 찜 • 107
도토리묵 무침 • 49
도토리 묵밥 • 127
동치미 국수 • 69
돼지고기 샤브샤브 냉채 • 39
두부 미역 샐러드 • 37
두부 스테이크 • 93
두유 마늘크림 스파게티 • 65
들깨 미역 조랭이 떡국 • 71

라임 비네그렛 • 25
마파 두부 • 79
메밀 비빔국수 • 81
무 콩나물 • 140
무청 시래기밥 • 123
백일송이 버섯덮밥 • 129
버섯 돈부리 • 131
버섯 카레라이스 • 55
불고기 냉채 • 51
산마, 콩 샐러드 • 47
산사 족발 • 95
산야초 모듬 샐러드 • 43
수삼무침과 신선초쌈밥 • 137
시금치 베이컨 샐러드 • 45
시금치 해산물 파스타 • 73
실곤약 비빔면 • 75
쌀국수 • 59
쑥개떡 • 97
양배추 다시마 쌈밥 • 139
양송이 두부찜 • 114

연두부 샐러드 • 31
오곡 주먹밥 • 125
옥수수 율무밥 • 141
우무 수박 샐러드 • 27
월남쌈 • 113
율무 수제비 • 57
율무 팥죽 • 84
일식 냉소면 • 63
잔치 국수 • 61
주꾸미 떡찜 • 101
찹쌀 연잎밥 • 133
청국장 샐러드 • 41
토마토 멸치 샐러드 • 33
토마토 브로콜리 샐러드 • 35
편육 과일 냉채 • 99
해물 된장국수 • 77
해산물 리조또 • 83
해초 비빔밥 • 135
홍합 와인 볶음 • 103
화풍 스테이크 • 105

다이어트 레시피

2011년 1월 10일 인쇄
2011년 1월 15일 발행

저자 : 김자경
펴낸이 : 남상호

펴낸곳 : 도서출판 **예신**
www.yesin.co.kr

140-896 서울시 용산구 효창동 5-104
대표704-4233, 팩스 : 715-3536
등록번호 : 제03-01365호(2002. 4. 18)

값 12,000원

ISBN : 978-89-5649-084-7

* 이 책에 실린 글이나 사진은 문서에 의한 출판사의
동의 없이 무단 전재·복제를 금합니다.

Diet Recipe